JN124590

要求プロセスと技法入門

要求開発の基礎知識

著者：山本 修一郎

まえがき

　本書では，要求開発（Requirements Engineering）の基礎知識として，要求開発プロセスの活動と各プロセスで必要となる主な技法を説明する．なお Engineering の訳語として「工学」を用いることも多いので，本書では要求開発を要求工学と同じ意味で用いている．

　本書の内容は，以下の6項目に基づいて構成している．

（1）筆者が月刊『ビジネスコミュニケーション』で連載した「要求工学」の中の関連記事[1]
（2）ISO/IEC/IEEE 29148[2]
（3）国際要求工学委員会（IREB）の基礎レベルシラバス[3]
（4）自然言語に基づく要求テンプレート[2,4-5]
（5）共通例題に基づく概念モデリング例
（6）最新のエンタープライズアーキテクチャ

　（1）の記事では，要求工学プロセス，要求抽出手法，要求分析プロセス，品質特性シナリオなどを説明している．

　（2）では，ステークホルダ要求，システム要求とソフトウェア要求の関係ならびに，要求を記述する主要な構文を説明している．

　（3）では，IREB が提示している基礎レベルの要求工学知識の項目を本書の章構成に従って説明している．本書の中で明示されている EU と EO に続く番号は IREB による教育単位（Educational Unit）ならびに教育目標（Educational Objective）の番号を示している．このように，国際的な要求工学の基礎知識との関係を明示した日本語による要求工学の教科書は，本書が初めてである．

　（4）では，前述した ISO/IEC/IEEE 29148 でも説明されている自然言語による要求テンプレートと，欧州で使用されている EARS テンプレート[4]，著者らによる要求記述表[5]について，適用事例を説明している．要求テンプレートでは，予め定めた文の構造に従って要求を穴埋め式に記述することができる．自由に文を記述させておいて，レビューの段になって，日本

語文の表現のここがおかしいとか，あそこがだめだとか指摘するのはもうやめたらどうか．表層的な文章の書き方について誤りを指摘するのではなく，内容の吟味に時間を使うべきだ．そのためには要求を記述するための定型的な日本語構文が必要だ．

（5）は，名古屋大学工学部の情報系3年生向けの講義「情報システム論」で解説しているものである．同じ例題を多様なモデルで分析することによって，学部学生が概念モデルを主体的に理解・活用できるようになることを期待している．

（6）では，最新のエンタープライズ・アーキテクチャフレームワークであるTOGAF（The Open Group Architecture Framework）[6]のモデリング言語ArchiMate[7]を概念モデリング言語として紹介している．ArchiMateによって顧客価値とアーキテクチャとの整合性を図の上で確認できる．

なお，要求工学（要求開発）についての標準IEEE std.830については，筆者による要求工学についての書籍[8]で述べているので，参照していただきたい．また，ゴール指向要求工学について多くの手法がある．筆者による書籍[9]でゴール指向手法について詳しく述べているので，関心のある方は参照していただきたい．

目次

まえがき 2

第1章　要求開発の基礎知識の構成

1.1　IREBの概要 8
1.2　要求開発の必要性 9
1.3　要求工学の基礎技法 10

第2章　要求開発プロセス

2.1　概要 14
2.2　要求と仕様 14
2.3　要求工学プロセスの基本モデル 16
2.4　ISO/IEC/IEEE 29148要求工学プロセス 18
2.5　要求工学プロセスの比較 20
2.6　まとめ 21

第3章　要求抽出

3.1　概要 24
3.2　要求抽出の位置づけ 25
3.3　要求抽出の課題 25
3.4　システム・コンテキスト (EU2) 26
3.5　要求の種類 28
3.6　要求の情報源 (EU3.1) 29
3.7　抽出された要求の分類 (EU3.2) 30
3.8　要求抽出手法 30
3.9　まとめ 40

第4章　要求分析

4.1　概要 42

4.2　要求分析の活動 42

4.3　要求分析の確認項目 44

4.4　要求分析プロセス 46

4.5　概念モデリング 48

4.6　まとめ 68

第5章　要求仕様化

5.1　概要 70

5.2　要求文書構造の種類 72

5.3　要求仕様書の構成 72

5.4　要求間の関係 75

5.5　要求記述項目 76

5.6　要求記述テンプレート 83

5.7　要求品質文書 88

5.8　要求文書化の留意点 93

5.9　まとめ 95

第6章　要求確認

6.1　概要 98

6.2　合意形成 (EU7.2, EU7.6) 98

6.3　確認原則 (EU7.4) 100

6.4　品質基準 (EU4.6, EU7.3) 100

6.5　確認手法 (EU7.5) 104

6.6　要求確認能力 117

6.7　まとめ 117

第7章　要求管理

7.1　要求管理 120

7.2　要求変化 126

7.3　要求属性 (EU8.1) 130

7.4　要求変更管理 (EU8.6) 132

7.5　まとめ 137

第8章　モデリング技法

8.1　概要 140

8.2　課題分析表 140

8.3　ゴールモデル 141

8.4　BMC 142

8.5　BPMN 142

8.6　ArchiMate 143

8.7　実体関連図 146

8.8　クラス図 147

8.9　データフロー図 148

8.10　ユースケース 149

8.11　アクティビティ図 150

8.12　状態図 151

8.13　シーケンス図 152

付録

付録1　事例「救急時対応サービス」 154

付録2　エンタープライズ・アーキテクチャ 156

付録3　ArchiMateの概要 159

付録4　要求仕様化能力評価指標 161

参考文献 164

あとがき 171

著者紹介 173

第 **1** 章

要求開発の基礎知識
の構成

1.1　IREBの概要

　本節では，国際要求工学委員会IREB[1]の概要と，提供されている要求工学知識に関する9個の教育単位について紹介する．

　IREB(The International Requirements Engineering Board)は2006年にドイツで設立された「要求エンジニアプロフェッショナル」を認定するための組織である．IREBの基礎レベルのシラバスの教育単位と講義内容を表1-1に示す．

表1-1　IREB　基礎レベル 講義項目

EU	分類	内容	時間
1	導入	要求の基本概念	1.25
2	システムとコンテクスト	①システム，システム・コンテクスト，システム境界②システムとコンテクスト境界の決定	1.25
3	要求抽出	①要求源，②要求分類，③狩野（かのう）モデルによる要求分類，④抽出技法	1.5
4	要求の文書化	①文書設計，②文書種別，③文書構造，④要求文書の利用，⑤要求文書の品質基準，⑥要求品質基準，⑦用語	2
5	自然言語による要求文書	①言語効果，②テンプレートによる要求構成	1
6	モデルによる要求の文書化	①モデル，②ゴールモデル，③ユースケース，④要求の3つの見方，⑤データ要求モデル，⑥機能要求モデル，⑦挙動要求モデル	5
7	要求の妥当性評価と合意形成	①要求妥当性確認の基礎，②要求合意形成の基礎，③要求の品質面，④要求妥当性確認の原則，⑤要求妥当性確認の技法，⑥要求合意形成	2.5
8	要求管理	①要求の属性割当，②要求ビュー，③要求の優先順位付け，④要求追跡性，⑤要求の版管理，⑥要求変更管理	2.5
9	ツール支援	①ツール種別，②ツール導入，③ツール評価	1
	9 EU	38項目	18

　この認定制度はISO標準（ISO/IEC 17024）に基づいて開発されている．現在，表1-1で示した「ファウンデーション（基礎）レベル」[2]の認定が英語，フランス語，ドイツ語，スペイン語，ポルトガル語（ブラジル）で受験できる．

IREB 認定制度によって，これまで全世界で 13,500 人以上が認定されている．この認定者数の多さが，IREB の品質の高さを証明していると思われる．ちなみに，BABOK（Business Analysis Body of Knowledge）[3] の認定数は，2013 年 6 月で約 3,000 名だそうである．

1.2　要求開発の必要性

IREB の基礎レベルシラバスの導入（EU1）によれば，要求開発過程で多くの誤りが発生することと，要求誤りを後続工程で除去するために高い経費が必要になることから，良い要求であることが重要である．不適切な要求開発がもたらす代表的な症状は，要求の欠落と曖昧性である．

不適切な要求開発の典型的な原因は，次の 3 つである．

① ステークホルダによる，多くのことが自明であって明示的に主張する必要がないという，間違った前提
② 経験と知識の差異から生じるコミュニケーション問題
③ システムを生産的かつ迅速に開発するというプロジェクトへの顧客からの圧力

IREB では，要求抽出，文書化，妥当性確認と合意形成，要求管理の 4 つを要求開発の 4 個の主要活動としている．本書では，これらに要求分析を加えた 5 個を主要活動としている．

最も重要な要求コミュニケーション手段は，自然言語である．とくに，共通語彙について合意することが重要である．要求コミュニケーションでは，継続的に焦点化と簡潔化を心がける必要がある．

コミュニケーション能力のほかに，要求開発者が持つべき能力には，分析的思考力，共感，矛盾解決力，調整力，自信，説得力がある．

機能要求，品質要求，制約を区別する必要がある．非機能要求によって品質要求と制約を総称する．非機能要求を明示的に記述する必要がある．

　品質要求の特性として，セキュリティや精度のような詳細機能，信頼性，使用性，効率性，保守性，移植性が挙げられている．非機能要求は自然言語で記述されるとしても，他の文との関係を追跡して定量的表明によって確信するか，補足的な機能を追加することにより操作可能にする必要がある．本書ではゴール木を用いて非機能要求を表現する方法についても紹介する．

　この基礎レベルのシラバスに対するガイドブックが出版されている[4]．シラバスの具体的な内容については，この文献を見て頂きたい．

1.3　要求工学の基礎技法

　表1-2で示した要求工学基礎技法は，株式会社ビジネスコミュニケーション社が発行する月刊『ビジネスコミュニケーション』に連載した「要求工学」の連載第1回（2004年10月号）から第86回（2011年12月号）までの記事について，知識領域ごとに整理したものである．

表1-2 要求工学基礎技法

知識領域	要求工学基礎技法
要求抽出 (14)	運用要求定義，ビジネスゴールと要求，ソフト製品開発の要求コミュニケーション，要求と保守・運用，組込み要求工学，すりあわせの技術と価値星座，試験工程での要求発見，要求質問，サービス指向要求工学，アクター関係から見るユースケースと要求獲得，イノベーションと要求工学，セキュリティ要求工学，ソフトシステム方法論再考，要求インタビュー
要求分析 (9)	アシュアランスケースとGSN，要求モデリングと誤り，アクター関係分析，ゴール，分析の視点，ゴール分析応用編，ゴール分析，シナリオ分析，ジャクソンの問題フレーム
要求仕様化 (16)	比較要求モデル論，活動理論と要求，オープンソースソフトウェアと要求，SysMLの要求図，ゴール指向とアスペクト指向要求工学，ソフトウェア品質要求工学，アスペクト指向要求工学，i＊フレームワークの危険な曲がり角，i＊フレームワークの書き方，特性要因図とゴール思考分析，前提条件ツリーと移行ツリー，対立解消図と未来実現ツリー，論理思考プロセスと現状分析ツリー，信頼性要求，非機能要求，iスター・フレームワーク
要求確認 (5)	第三者検証，要求とアーキテクチャ，要求の曖昧さ，要求レビュー，要求とテスト
要求管理 (11)	フィードバック型V字モデル，Web2.0と要求管理，要求工学プロセスの改善，アジャイル開発の要求工学，要求追跡，要求工学プロセス思考，組織とコミュニケーション，コミュニケーションの構造，要求エンジニア，Wikiと要求工学，目的思考

第2章

要求開発プロセス

2.1　概要

　要求開発はソフトウェア開発における要求を仕様化するプロセスを工学的に定式化する技術として注目を集めている．しかし，要求工学の教科書における要求仕様化プロセスは多様であり，著者ごとに異なるといってもいいくらいだ[1-7]．また要求と仕様とは何が違うのだろうか？　本章では，要求工学プロセスの本質的な要素とその関係を考察する．また，ISO/IEC/IEEE 29148の要求工学プロセスについても紹介する．

2.2　要求と仕様

　ソフトウェアの要求と仕様の違いはなんだろうか？　ソフトウェアを開発する目的は，それを利用することでなにかしらの作業を自動化し支援することにある．とすると，ソフトウェアを利用する主体としてのヒトやシステムが，ソフトウェアの外部に存在することがわかる．このようなヒトやシステムを含めた利用環境とソフトウェアの関係を考えると，ソフトウェアを利用することで実現したいコトが要求であり，そのコトを可能にするために具体的にソフトウェアを利用するときのインタフェースがソフトウェアの仕様になる．言い換えると，要求は利用環境から見たソフトウェアが実現すべき目標である．また仕様はソフトウェアが利用環境に対して必要とされる機能を提供するための境界条件である．

　要求や要求仕様とソフトウェアの関係を図2-1に示した．この図でわかるように，要求は利用環境つまり問題領域の言葉で記述されるし，仕様は利用環境だけでなく，それを実現するための設計の基準となるという点で，アーキテクチャなどのソリューションを意識した言葉でも記述される．Parnas[7]はこのような要求と仕様との関係を4変数モデルで説明している．利用環境では入力デバイスで観測される観測変数と出力デバイスを制御する制御変数を用いてソフトウェアへの要求を定義する．これに対してソフトウェアでは入力デバイスからの入力データに基づいて出力デバイスに対

する出力データを生成する仕様を定義する．このとき，観測変数と制御変数の関係が要求であり，入力データと出力データの関係が仕様となる．

　しかし，この4変数モデルではISO/IEC/IEEE 29148で示されているステークホルダ要求仕様を考慮していないという問題がある．そこで，図2-1に示すように，ユーザと物理環境に対するシステムの相互作用をステークホルダ要求仕様で定義する．次いで，ユーザインタフェースと環境インタフェースに対するソフトウェアとの相互作用をシステム要求仕様で定義する．さらにシステムとソフトウェアとの入出力に基づく相互作用をソフトウェア要求仕様で定義する．

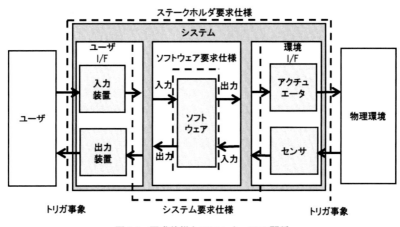

図2-1　要求仕様とソフトウェアの関係

　図2-2では，問題領域で利用環境とシステム仕様を定義している．またソリューション（解）領域でシステムとソフトウェア仕様ならびにソフトウェアを定義している．システム仕様は問題領域と解領域の共通部分として定義される．

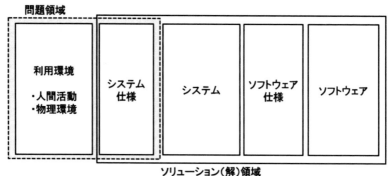

図2-2 システム仕様とソフトウェア仕様

2.3　要求工学プロセスの基本モデル

　要求は問題領域に属し，仕様はソリューション（解）領域に属する．要求工学プロセスには，図2-3に示すとおり，要求抽出，要求分析，要求仕様化，要求確認，要求管理がある．要求抽出と要求分析が問題領域に関するプロセスとなる．これに対して要求仕様化と要求確認がソリューション領域のプロセスである．要求管理はこれら4つのプロセスで共通するプロセスである．

　図2-3では，中心に要求管理，左上に要求抽出を示し，右上の要求分析，右下の要求仕様化，左下の要求確認までスパイラルにこの5つのプロセスを示した．この図では4象限に4つのプロセスを配置するだけでなく，隣接するプロセス間の追跡性を要求管理で明確に表現している．

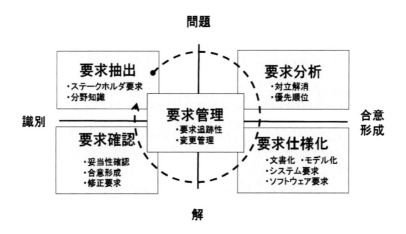

図2-3　要求工学の基本的なプロセスモデル

　図2-3でも継続的に4つのプロセスが反復されることを注意しておく．つまり要求確認で妥当性が確認できない場合には，要求確認から要求抽出への矢印で示したように要求が修正され，抽出プロセスからもう一度繰り返される要求もあることになる．

　要求抽出と要求分析の違いは，次の通りである．まず要求抽出では問題領域の専門家の知識や顧客ニーズ，現状の問題，経営課題などに基づいて要求を獲得する．このときシナリオやユースケースなども利用する．要求分析では要求抽出で獲得した要求間の構造や一貫性を明らかにするとともに，要求に優先順位を付与して顧客との合意を形成する．この過程で顧客には概要レベルの要求を提示する．より詳細な要求仕様を提示するのは次の段階である．

　問題領域から解領域への移行のポイントは要求項目と，その優先順位が明確になっていること，ならびにそれらの対立関係が解消されていることである．要求仕様化では優先順位のついた要求を具体的に文書として記述する．このとき要求と要求仕様との追跡性を管理する．もし，すべての要求が仕様化されていなければ要求仕様には抜けがあり，不完全である．もし要求に対応しない要求仕様があればそれは冗長である可能性がある．

　要求確認では要求仕様を顧客に提示して妥当性を確認する．妥当性が確認された要求仕様は設計工程に引き継がれる．これに対して妥当でない要求仕様については，変更するために要求工学プロセスを反復する必要がある．妥当でない要求の可能性としては，どのプロセスで誤りが発生したかに応じて，仕様化ミス，要求分析ミス，要求ミスが考えられる．要求ミスと要求分析ミスについては，要求の合意形成を終えているので十分な合意が形成されていれば，発生する可能性は少ないはずだ．ただし合意が十分に形成できていなければ発生する可能性がないとは言い切れない．このとき合意形成の内容が問題にはなるが，その場合であっても合意できている部分とそうでない部分が明確になっていれば想定内の変更にとどめることができる．

　仕様化ミスについては仕様を再度作成しなおすことになるが，要求レベルでは合意できているので影響範囲は限定的になるはずだ．ただし，要求に変更が及ばないように注意する必要がある．仕様修正によって要求に変更が生じた場合には，仕様から関連する要求を追跡して変更範囲を特定するとともに関連する仕様を修正することになる．またこれらの一連の修正に関する妥当性を確認する必要がある．

2.4　ISO/IEC/IEEE 29148要求工学プロセス

　ISO/IEC/IEEE 29148-2011, Systems and software engineering —
Life cycle processes — Requirements engineeringでは，ステークホルダ要求工学，システム要求工学，ソフトウェア要求工学について整理している．ここで，要求工学（Requirements Engineering）は要求を開発するプロセスのことを指している．この3種類の要求工学プロセスの関係は表2-1の通りである．

表2-1　要求工学の関係

入力＼出力	ステークホルダ要求	システム要求	ソフトウェア要求
ニーズ, ゴール,目標	ステークホルダ要求工学		
運用概念			
システム運用概念			
ステークホルダ要求		システム要求工学	
システム要求			ソフトウェア要求工学

　ISO/IEC/IEEE 29148のシステム要求工学プロセスの内容は，表2-2に示す通りである．

表2-2　システム要求工学プロセス

プロセス	活動	タスク
ステークホルダ要求定義	ステークホルダ要求抽出	■ステークホルダ識別 ■ステークホルダ要求識別
	ステークホルダ要求定義	■ソリューション制約定義 ■要求サービスを識別する活動系列を定義 ■ユーザーとシステムの相互作用を定義 ■健全性, 安全性, セキュリティ, 環境, 重要品質に関連する機能を仕様化
	ステークホルダ要求の分析維持	■抽出要求の完全な集合を分析 ■要求の問題を解消 ■分析した要求をステークホルダにフィードバック ■ステークホルダと要求が正しく表現されたことを合意 ■要求管理に適した形式でステークホルダ要求を記録 ■ステークホルダニーズとステークホルダ要求の追跡性を維持
要求分析	システム要求の定義	■挙動と性質についての機能境界を定義 ■システムが実行する各機能を定義 ■実装制約を定義 ■技術および利用品質基準を定義 ■リスク識別と重要品質特性に基づきシステム要求と機能を定義
	システム要求の分析維持	■システム要求の一貫性分析 ■ステークホルダによる分析されたシステム要求の妥当性確認 ■システム要求とステークホルダ要求の追跡性分析 ■システム要求と理由, 判断, 仮説を維持

　ステークホルダ要求定義の活動は，ステークホルダ要求抽出，ステークホルダ要求定義，ステークホルダ要求分析である．ステークホルダ要求抽出では，ステークホルダを識別して要求を抽出する．ステークホルダ要求には，ソリューション制約，ユーザとシステムの相互作用，健全性，安全性，セキュリティ，環境，重要品質に関連する機能がある．

　ステークホルダ要求分析では，抽出した要求の完全性，要求間の対立の解消，ステークホルダとの合意形成，ニーズと要求の追跡性の確認を実施する．システム要求分析では，まずシステム要求を定義して，次いで定義された要求を分析する．

　システム要求定義では，挙動と性質についての機能境界，システム機能，実装制約ならびに技術および利用品質基準を定義する．また，システムのリスク識別と重要品質特性に基づくシステム機能を定義する．ここで，システムの重要品質特性には，健全性，安全性，セキュリティ，可用性，支援性などが含まれる．

　システム要求分析では，システム要求について，一貫性を分析する．また分析されたシステム要求についてステークホルダにより妥当性を確認する．このときシステム要求とステークホルダ要求の追跡性を分析する．さらに，システム要求と理由，判断，仮説を対応付けて管理する．

2.5　要求工学プロセスの比較

　ここで改めて，ISO/IEC/IEEE 29148のプロセスと図2-3に示した要求工学プロセスを比較してみると，表2-3のようになる．

　ISO/IEC/IEEE 29148では，要求抽出でステークホルダ要求を識別し，要求分析でステークホルダ要求を分析する．システム要求の定義が要求仕様化，システム要求分析は妥当性確認に相当すると考えられる．

　また，ステークホルダ要求定義は問題領域，システム要求定義はソリューション領域に対応すると考えられる．

表2-3 要求工学プロセスの比較

プロセス	ISO/IEC/IEEE 29148	主な活動
要求抽出	ステークホルダ要求定義	・要求識別 ・相互作用 ・重要品質 ・実装制約
要求分析	ステークホルダ要求分析	・完全性 ・矛盾解消 ・合意形成 ・要求追跡性
要求仕様作成	システム要求定義	・機能要求 ・実装制約 ・品質基準
妥当性確認	システム要求分析	・一貫性分析 ・妥当性確認 ・要求追跡性
要求管理	要求管理	・要求変更管理

2.6 まとめ

　本章では，要求工学における要求と仕様の考え方と基本的なプロセスモデルを紹介した．とくに，ISO/IEC/IEEE 29148における要求工学プロセスについて説明し，要求工学基本プロセスと比較した．ソフトウェア開発の現場で適用する場合には状況に応じて標準を適応・具体化する必要があるだろう．その場合，ここで紹介したように問題領域のプロセスとソリューション領域のプロセスには何があるかを手がかりにして具体化されることを推奨する．

要求抽出

3.1　概要

　ステークホルダ要求の抽出では問題領域の専門家の知識や顧客ニーズ，現状の問題，経営課題などに基づいて要求を獲得する．

　ステークホルダ要求抽出の活動は以下の通りである．

（1）組織，環境，制約を考慮することにより，システムの振舞いと提供すべき性質によって，システム境界を定義する．
（2）システムの機能を定義する．
（3）ステークホルダ要求およびソリューションが持つ限界から必要となる実装上の制約を定義する．
（4）技術的な成果の評価を可能にする技術と利用品質の尺度を定義する．
（5）重要安全品質に関連するリスク識別や重要性によって正当化されるように，システム要求と機能を指定する．

　システム要求の抽出では，システムとステークホルダ，物理環境との相互作用に基づいて要求を抽出する．ソフトウェア要求の抽出ではシステムによるソフトウェアへの入出力イベントならびに，入出力データに基づいて要求を抽出する．

　要求抽出の課題は，必要な要求が抽出できないことである．たとえば，図3-1では抽出すべき要求と抽出された要求の関係を示している．不要な要求と未抽出の要求を減らし，適切に抽出された要求を増やす必要がある．不適切な要求を抽出してしまうと，適切に要求を抽出する時間が不足する．

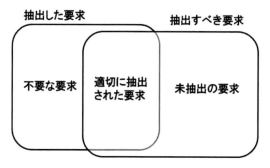

図3-1　抽出すべき要求と抽出された要求

3.2　要求抽出の位置づけ

　前述したように，要求工学プロセスには，要求抽出，要求分析，要求の仕様化，要求確認がある．要求抽出と要求分析までが問題領域に関するプロセスである．これに対して要求の仕様化と要求確認がソリューション領域のプロセスである．要求抽出では問題領域の専門家の知識や顧客ニーズ，現状の問題，経営課題などに基づいて要求を獲得する．このときシナリオやユースケースなども利用する．要求抽出で獲得した要求間の構造や一貫性を明らかにするのが要求分析である．要求分析ではさらに要求間の優先順位を明確化して顧客との合意を形成する．この過程で概要レベルの要求が具体化される．

3.3　要求抽出の課題

　要求抽出の課題には次の3つがある[1]．

◆問題の範囲
　システム化の境界としてのコンテクストが明確に定義できない．不必要

な設計情報が要求の中に混入するので，望ましい情報だけを要求として抽出するのは難しい．

◆理解の問題

ユーザ自身が要求について完全に理解していない．たとえば，問題領域については，新規分野に挑戦する場合，ユーザに分野知識が不足している．また，企業内の業務知識が情報システム部門のユーザには欠落している可能性がある．また，新しい技術の能力や限界についてユーザが十分理解していない可能性がある．さらに，ユーザと分析者の言葉が異なるというコミュニケーションの課題もある．双方にとって既知のことが互いに当たり前ではないという事実を見逃しやすい．さらに，ステークホルダごとに関心事が異なり互いに矛盾することもある．

◆揮発性（volatility）の問題

ビジネスや技術は時間の経過とともに変化するので，このようなコンテクストの変化に伴って要求も変化する．

3.4　システム・コンテクスト (EU2)

（1）システム・コンテクスト，システム境界，コンテクスト境界（EU2.1）

計画中のシステムのコンテクストに，システム要求の源泉と正当性の根拠がある．要求定義を開始させ，あるいは要求定義に影響するようなコンテクストの側面（アスペクト）のすべての集合から源泉が構成される．潜在的な側面には，人（ステークホルダとその集団），運用中のシステム，プロセス（技術的，物理的，ビジネス的），イベント（技術的，物理的），文書（法制度，標準，システム）などがある．どの側面がシステム環境の一部として計画中のシステムで扱われるかを定義することがシステム境界の機能である．開発されるシステムと接続する環境の一部がコンテクスト境

界によって識別される.

（2）システムとコンテクスト境界の識別 (EU2.2)

　システム境界は要求プロセスの最後にならないと，詳細に定義できないことが多い．それ以前には，所望の機能と品質が不完全に知られているか全く知られていない．したがって，可能なシステム境界が含まれているようなグレイゾーンがある．

　システム境界がグレイゾーンに移動すること以外に，グレイゾーン自身が要求開発プロセスの期間内に移動することがある．たとえば，システム境界の移動を通じて，環境の新たな側面が重要になることがある．

　また，コンテクスト境界が時間経過に従って変化する．たとえば，期待に反して，適切だとされていた法制度要求が計画中のシステムに全く影響しなくなる場合には，そのシステム・コンテクストが解消される．コンテクスト境界にもまたグレイゾーンがある．計画中のシステムと関係するかどうかが，ある時点で不明確になるような識別された環境側面をコンテクスト境界が含んでいる．

　ユースケース図とデータフロー図がシステム・コンテクスト（とくに，システムとコンテクスト境界）を文書化するために用いられる．データフロー図によるコンテクスト・モデリングでは，検討中のシステムと環境の間で，データの入力元と出力先によってシステム環境のソースとシンクがモデル化される．

　システム環境における人や他システムなどのアクターならびに，アクターによるシステムの利用関係がユースケース図でモデル化される．

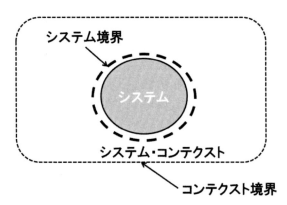

図3-2　システム境界とコンテクスト

3.5　要求の種類

　抽出すべき要求にはいくつかの種類がある．どのような要求を対象としているかを識別しておくことにより要求抽出作業を効率化できる．たとえば，次のように要求を分類できる．

◆経営目標
　組織活動の目的としての戦略的な目標．戦略目標はより具体的な戦術レベルの目標に展開される．

◆ビジネスプロセス
　組織の経営目標を実現する上での運用プロセスに対する要求．ビジネスプロセスには人が実行するプロセスとソフトウェアが実行するプロセスがある．

◆機能要求
　ビジネスプロセスの中でソフトウェアが実行する機能に対する要求．機能要求を定義する場合，機能的側面だけではなく，データ的側面と振舞的

側面も考慮する必要がある．

◆制約要求

　機能に関する制約条件．性能面，コスト面，セキュリティ面などの観点からの要求がある．また要求間の依存関係も制約要求の一種であると考えられる．

3.6　要求の情報源 (EU3.1)

　開発すべきシステムに関する要求の抽出は要求開発活動の重要な活動である．要求抽出の基礎はシステム・コンテクストと要求の情報源からなる．多様な種類の要求の情報源が区別されている．可能な要求の情報源には，ステークホルダ，ドキュメント，既存システムなどがある．

　多様な要求の情報源からゴールと要求を集めることが要求開発のタスクである．もし情報源が無視されたら，プロジェクトの全工程に重大な否定的結果をもたらすことになる．要求の情報源の文書化ではステークホルダについて次の情報を少なくとも含む必要がある．

・名称
・機能［役割］
・付加的な個人ならびにコンタクトのためのデータ
・プロジェクト進行過程での時間的空間的可用性
・ステークホルダの適合性
・専門分野と専門性の程度
・プロジェクトについてのゴールと関心事

　企業文化に応じて，ステークホルダとの合意において，口頭あるいは文書によって，タスク，責任，権限などを定義することが適切である．ステークホルダ合意から，各ステークホルダの権利と義務が生じる．ステークホ

ルダに対応することで，動機の欠如や矛盾から効果的に守ることができる．プロジェクトによって影響を受けるだけでなく，ステークホルダをプロジェクトに参画させる必要がある．

3.7　抽出された要求の分類 (EU3.2)

　要求抽出では，ステークホルダの満足について要求がどのような重要性を持つかを明確にする必要がある．狩野モデル[2]に従って，要求の充足度と顧客満足度という2つの観点から要求を3種類に分類することができる．

（1）当たり前要求（必須）
　　　実現できることが必須だと期待していた当たり前要求が実現されなければ，顧客満足度は低い．
（2）一元的要求（満足）
　　　一元的要求が実現されればされるほど，顧客満足度が高くなる．
（3）魅力的要求（感動）
　　　期待していなかった要求が感動要求である．実現できるとは思わなかった要求が実現できると，顧客満足度は飛躍的に向上する．

3.8　要求抽出手法

　要求抽出の方法には表3-1に示すような手法がある．
　要求の範囲を定義するためにはステークホルダへの調査や対象分野に関する既存資料の調査が必要である．ステークホルダが直面している問題を理解するためには，現場で何が起きているかを明らかにする必要がある．また，現場の問題を解決する要求を発見するためには創造性が必要になる．ステークホルダとシステムとの相互作用をモデル化することにより，重要な機能要求と非機能要求を抽出できる．

　要求確認は要求抽出と表裏の関係にある．たとえば，要求確認によって不適切な要求を摘出するとともに，適切な要求を明らかにすることができる．したがって，要求確認手法も要求抽出手法として活用できる．

表3-1　要求抽出手法

手法	例
調査手法	インタビュー，アンケート，質問項目，会議，ワークショップ
創造性手法	ブレイン・ストーミング，ブレイン・ストーミング・パラドックス，KJ法，マインドマップ，問題解決技法
文書中心手法	資料収集，パースペクティブベースリーディング，標準への適合性評価
観察手法	現場観察
モデリング手法	ユースケース，シナリオ，CRC（Class Responsibility Card）カード，ゴール分析
要求確認手法	要求記述カード，否定による論証

　以下では,これらの手法について説明する．

（1）調査手法

　アンケートでは，予め用意した質問項目を顧客に提示し，その回答結果を分析することにより，システムに求められる顧客の要求を抽出することができる．

　インタビューでは，システムに求められる顧客の要求を対話的に抽出する．インタビューには，オープン型インタビューと構造化インタビューがある．オープン型インタビューでは，顧客から自分の業務について自由に話をさせ自然に業務情報を獲得していくことで，対象領域に関する分野知識を包括的な視点から獲得することにより要求を抽出する．しかし個別的な要求の詳細を具体化するためには，構造化インタビューを用いる必要がある．構造化インタビューでは，要求エンジニアが予め想定した質問への回答を顧客から抽出することを目的とする．インタビュー上の留意点には，次の2つがある．

　質問者が顧客の現実の声に可能な限り耳を傾けることが最も重要である．また顧客から具体的な意見を効率的に収集するためには何らかの具体的なインタビューの観点を質問項目や提案書などの形で提示する必要がある．

　会話が主体の会議だけで要求を抽出しようとするのでは会話内容が十分正確に記録できないと，作成される要求仕様が不正確になる．また会議の中では同じ話題の繰り返しや互いに矛盾する提案が行われるなど非生産的な活動も発生してしまうかもしれない．この問題の原因は，要求を記述するための重要な情報が会話の中に含まれているにもかかわらず，顧客の意図や設計理由などの検索・参照などに適した構造を議論自体が持っていないことにある．

　このため議論の内容の記録項目とその記録方法を規定することにより，議論の進め方を制御しつつ要求抽出を支援する方法として，Inquiry Cycleモデル（ICM）が提案されている[3]．ICMでは，議論の内容をQuestion，Answer，Reasonの3つのノードからなるハイパーテキストを用いて記述することにより，要求を段階的かつ系統的に抽出することができる．会議の過程を構造化することにより，議事録から効率的に要求を抽出できるだけでなく，必要な議論の抜けを防いで会議を効率化できる可能性がある．ICMは一種の構造化インタビューと考えることもできる．

　ワークショップでは対象システムについて，グループで議論することにより，最も重要だと考えられる課題への対策として要求を抽出できる．個人ごとに抽出した要求をグループで共有できるのでより受容性の高い要求を抽出できるという特徴がある．

　また会議には複数の利害関係者を同時に集めて議論する「協調セッション」という手法もある[4]．協調セッションでは異なる視点からの要求を同時に収集できるので会議における新たな発見を効率化できる可能性がある．

（2）創造性手法

　ブレイン・ストーミング（Brain Storming）を利用して，システムに求められる顧客の要求を抽出する方法である．ブレイン・ストーミングは会議形式によるアイデア発想法である．次の4つのルールを守るだけで他には特に細かい約束ごとを持たない．

・他人の発言は一切批判しない

・自由奔放に発想する

・量を求める

・組み合わせによりアイデアを改善する

　また，ブレイン・ストーミング・パラドックスでは，ブレイン・ストーミングが肯定的なアイデアを抽出するのに対して，否定的な結果を抽出しておき，否定的な結果にならないように緩和するための対策を考える．したがってブレイン・ストーミング・パラドックスを用いれば，システム・リスクを列挙することにより，リスク対策要求を抽出できる．

　カードを使った創造性技法であるKJ法を用いて，システムに求められる要求を抽出することができる．KJ法では①ラベル作り，②ラベル拡げ，③ラベル集め，④表札作り，⑤A型図解化（空間配置，グループ編成，タイトル付け，囲みの間の関係図示），⑥B型叙述化（ストーリー作り，文章化など）の6つの過程から構成されるボトムアップ手法である[5]．

　マインドマップでも，抽出しようとする要求の関心事を中心に配置して関連する要求をその周辺に配置することにより，階層的に要求を抽出できる．

（3）文書中心手法

　開発対象となるシステムやその業務に関する既存の資料を収集して，それらを分析することにより，問題点や要求事項を抽出することができる．

　たとえば，業務フロー図などを利用することにより，システムに求められる顧客の要求を抽出する方法が用いられている．業務フロー図では業務の流れを忠実に記録できるので顧客にも分かりやすいという特徴があるが，業務手順と経営目標との関係などを明確にしてシステムのあるべき姿との対応付けに留意するなどの工夫も必要である．

　パースペクティブベースリーディング（Perspective Based Reading，PBR）は自然言語で記述された要求文書に対する要求レビュー手法である．異なる視点を持つレビューアが対象となる要求文書をレビューすることで要求の欠陥を発見できる．レビューアは誰がシステムをどんな目的でどのように利用するかという視点から要求文書をレビューする．これにより，

既存の要求文書における要求の漏れや欠陥を摘出することで，新しい要求を抽出できる．PBRは，系統的であること，摘出すべき欠陥に焦点化できること，ゴール指向であることなどの利点がある．PBRを用いた要求抽出のポイントは，「摘出すべき欠陥」を現状の問題点とみなすことで，「将来実現すべき要求」を抽出できることである．

　セキュリティや安全性などの非機能要求について，システムが適合すべき既存の標準やガイドラインを用いて，必要な非機能要求を系統的に抽出できる．非機能要求についてのガイドラインとしてIPAがまとめた非機能要求グレード[6]がある．システム開発によってはガイドラインにあるすべての要求を採用できない場合がある．この場合，標準にはあるがシステムで採用しない要求については，システム要求として抽出しない理由を明らかにしておく必要がある．

（4）観察手法

　対象とする組織の戦略を理解するためには，社内を直接観察する方が顧客にインタビューするよりも容易な場合もある．社内観察の結果を「現場観察カード」にまとめることで網羅的に現場の状況を把握することができる．たとえば著者らが使っている「現場観察カード」[7]では，オモテ面には現場で起きている事実，問題，対処策，改善の機会を記入し，ウラ面には成功要因（CSF, Critical Success Factor）と評価指標（KPI, Key Performance Indicator）ならびに関連組織を記入する．現場観察カードでは現場の課題をはがき大のカードの両面を使って簡便に収集できる．またKPIを観測提示することにより，経営目標間の因果関係の妥当性を分析・評価できる．こうすることで社内プロセスをKPIで定量的に可視化できるようになるだけでなく，必要なアクションを適切に実施できるようになる可能性もある．

　現場観察カードで記述する具体的な内容は次のようになる．

・**事実**：現場で起きている問題を端的に表す名称を記入する．
・**問題**：現場で起きている問題を記入する．
・**対処策**：現場での問題対処の仕方を記入する．

- **改善の機会**：改善すべき点や具体的な解決策を記入する．
- **成功要因**：誰と誰の間にどんな課題があり，解決する必要があるかを記入する．
- **KPI候補**：断絶の有無や，程度の判断ができるKPIの案を記入する．
- **関連組織**：KPIの良し悪しに関係する組織名を記入する．

　ここで紹介したように，現場観察による要求抽出は，社会学的な人間観察の手法を用いているので，要求工学では「Ethnography」（民族誌学）と呼ばれている[8]．

（5）モデリング手法

　要求抽出に，要求分析で用いられるモデリング手法を用いることができる．ユースケース，シナリオ，CRCカード，ゴール分析，品質機能展開，否定による抽出について説明する．

■ユースケース

　オブジェクト指向分析手法ではユースケースが使われている．ユースケースではアクターが実行する必要のある業務目標とその過程で必要となる機能やタスクの一連の利用シナリオを記述する．ユースケースの抽出では業務フローに基づいて利用シナリオを作成することもできる．
　また，システムの機能をユースケースで抽出するだけでなく，システムへの攻撃や想定すべき例外を抽出するためにミスユースケースという考え方も提案されている[9]．ミスユースケースは機能に対するユースケースの性質を表現しているので非機能要求のひとつである．ミスユースケースとユースケースの関係には，ミスユースケースからのユースケースに対する脅威（攻撃）関係と，ミスユースケースからの脅威に対するユースケースによる緩和（防御）関係がある．たとえば，ユースケース「サービスアクセス機能」に対する脅威として「管理が厳しいとフラストレーションがたまる」というミスユースケースが考えられる．このミスユースケースに対して「管理をゆるくする」というユースケースを考えると，さらに「シス

テムに侵入する」というミスユースケースがあることに気づく．このように ユースケースとミスユースケースはちょうど，チェスや将棋のように交互に手を指す感覚で要求を抽出できるという特徴がある．ミスユースケースはセキュリティなどの非機能要求を抽出するのに適していると思われる．

■シナリオ

　シナリオは問題自体を分析するための手法である．シナリオはヒューマンインタフェースなどの人間工学分野でも使われており広い適用範囲を持つ．

　シナリオはシステムがどのように利用されるかを説明するための記述である．シナリオを開始するときと終了したときのシステムの状態，通常のイベントの流れ，例外イベントなどをシナリオでは記述する．シナリオによって，システムが初期状態から最終状態に変化する．

　シナリオは，状態モデルと異なり，すべての可能な状態遷移系列を表現できない．しかし，状態モデルでは状態の組み合わせの個数が膨大になるため，かえって現場の技術者には理解が困難になるという問題がある．このため本質的な状態遷移だけを表現するシナリオを用いることにより，重要性の高い要求に焦点化して抽出することも必要である[10]．

　利用者がシステムとどのように交信するかを記述するために，シナリオではシステムが可能な相互作用や必要な活動を明らかにする．図書を貸し出す際の利用者側から見たシナリオの簡単な例を以下に示す．

　　［例題］図書を貸し出すシナリオ
　　・利用者が会員情報を用いて図書貸出システムにログインする
　　・図書貸出メニュを選択する
　　・借し出す図書の登録番号を入力する
　　・借出許可を確認する
　　・システムをログアウトする

　このようなイベントの系列としてのシナリオを，第4章で紹介するシーケンス図やアクティビティ図などでも表現することができる．

欧州のCREWSプロジェクト（Cooperative Requirements Engineering with Scenarios）[11]ではシナリオの利用形態を分類するためのフレームワークを定義している．このフレームワークではシナリオの形式，目的，内容，ライフサイクルという4つの視点からシナリオを分類する（表3-2）．

表3-2　シナリオフレームワーク

視点	説明
形式	どのようなシナリオ表現をしているかどうかを分類する．典型的なシナリオ形式の属性にはシナリオが形式的か非形式的か，静的か動的かなどがある．
目的	シナリオがシステム開発の中でどのような役割を持つ存在として記述されているかで分類する．役割の例には，システム機能の記述，設計の選択肢の探索，システムの欠陥の説明などがある．
内容	シナリオがどのような知識を扱うかを分類する．シナリオ内容の属性としては，システムの内部構成かシステムを利用する組織の構成なのか，正常系なのか例外系なのかなどがある．
ライフサイクル	生産物としてのシナリオを時間的に変化する対象として管理するかどうかで分類する．

■CRCカード

CRC（Class Responsibility Card）カードは，オブジェクト指向分析のために考案された手法である．クラスが果たすべき役割をカード化することによって，カード間の相互作用を分析することができる．

■ゴール分析

ゴール分析は，ゴール（目的や目標）に関する階層的なゴール木を利用して，システムに求められる要求を抽出する方法である．システムの目標を大きな目標から，それを構成する部分目標に段階的に展開していくことにより，具体的な要求を抽出することができる．目標分析が対象とする要求はたとえば「売り上げを増加させる」とか「在庫を削減する」などの経営上の目標としての非機能要求であることが多い．この階層木では上位ゴールから下位ゴールへ，ある関連に基づいてゴールを分解していく．この階層木はゴール階層，ゴール-サブゴール階層，目的-手段階層などとも呼ば

れる.

　目標間の関係にはこのような階層関係だけではなく因果関係がある. 目標の階層関係では，上位の目標が複数の下位の目標にAND分解される場合とOR分解される場合がある. これに対して，異なる目標の間に依存関係があって，一方が成立するならば他方も成立するときに因果関係（影響関係）が必要になる. このような因果関係は経営目標を戦術的な作業目標に展開する場合，異なる部門間の戦略目標間の間接的な関係などを明確化する場合などに適用できる.

■品質機能展開

　要求に対する顧客満足度を評価するために品質機能展開QFD（Quality Function Deployment）を要求抽出に使うこともできる[12]. QFDでは「お客様のニーズ」を「ソフトウェアに対する技術的な機能要求」に系統的に翻訳することができる. たとえば顧客の求める非機能要求の視点から，機能要求を「標準的な要求」，「期待どおりの要求」，「素晴らしい要求」に分類して評価することで，抽出した機能要求の満足度を図ることができるだろう. このようにQFDでは顧客満足度を最大化することに着目して顧客の求める品質という非機能要求の観点からソフトウェアが具備すべき機能要求を評価できる.

■否定による要求抽出

　「システムが安全である」ことを，直接示すことは難しい. そこで，「『システムが危険である』ことはない」ことを示すことによって「システムが安全である」ことを示すことを考える. ここで，「システムが安全である」ことを「『システムが危険である』ことはない」ことで，近似している. この理由は，システムが危険であるという状態を完全に列挙することはできないからである.

　このように，システムにとって不都合なことを列挙しておき，不都合なことへの対策をシステムに用意することにより，システムにとって不都合なことが発生しないことを論証する方法が否定による論証である. 前述し

たミスユースケースは否定による要求抽出の一種である.

　セキュリティ要求や安全性要求に対して,否定による要求抽出が適用できる.まず,セキュリティリスクや安全性リスクを不都合なこととして識別する.システムが満たすべき性質へのリスクを識別できれば,リスク対策をシステム要求として抽出することができる.性質に対して識別したすべてのリスクに対して対策ができていれば,性質へのリスクが発生しないことになり,システムが性質を持つことが論証できたことになる.つまり,システムがセキュリティや安全性を持つための要求をリスク対策として論理的に抽出できるわけである.

　否定による論証の考え方をまとめると,図3-3のようになる.まずシステムが満たすべき性質を定義する.次に,この性質に対する脅威をリスクとして識別する.さらに,リスクを解消する対策を抽出する.この考え方は,セキュリティや安全性などの性質をシステムが持つことを保証する上で大切である.セキュリティや安全性を保証するのは,対策として抽出された機能要求だからである.

図3-3　否定による論証の考え方

3.9　まとめ

本章では，要求工学における要求抽出について，以下を説明した．

（1）要求抽出の位置付け
（2）要求抽出の課題
（3）システム境界とコンテクスト
（4）抽出すべき要求の種類
（5）要求の情報源
（6）抽出した要求品質
（7）要求抽出の技法

様々な要求抽出手法が提案されているので，ソフトウェア開発の現場で適用する場合には状況に応じた取捨選択も重要になる．適切な抽出技法の採用はプロジェクトが成功するための重要な要因である．必要があれば抽出技法を組み合わせることによって，適切に要求を抽出できる．

第**4**章

要求分析

4.1　概要

　要求分析は，要求抽出で獲得した要求間の関係構造や一貫性を明らかにする問題領域に関するプロセスである．要求分析では，抽出された要求を分類して要求間の競合を解決する．要求の分類では要求を理解するために概念モデルを作成する．要求分析では要求間の優先順位を明確化して顧客との合意を形成する．またアーキテクチャを考慮してシステムの構成要素に要求を対応付ける．競合解決では関係者との合意に基づいて要求間の優先順位を明らかにする．この過程で概要レベルの要求が具体化される．

　本章では，要求分析手法を概観する．

4.2　要求分析の活動

　要求分析活動では，抽出した要求について以下の活動を実施する．

（1）内容に従って,要求を分類する
（2）各要求と要求の組み合わせが全体的な一貫性を持つことを確認することによってシステム要求の一貫性を分析する
（3）指定したシステム要求がニーズを解決するためのステークホルダ要求に適切に対応することを確認する
（4）システム要求とステークホルダ要求との追跡性を示す
（5）全システムライフサイクルで関連する設計理由,設計判断,仮定とともにシステム要求を保守する

　要求を分類する観点については，ステークホルダ要求（経営目標，ビジネスプロセス），システム要求，ソフトウェア要求がある．また機能要求，非機能要求という分類もできる（図4-1）．

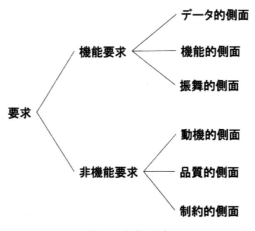

図4-1　要求の分類

　機能要求については，データ的側面，機能的側面，振舞的側面がある．非機能要求については，動機的側面，品質的側面，制約的側面がある．

　システムのアーキテクチャを考慮して，どの構成要素（サブシステム）で要求が必要とされるかというように，アーキテクチャで要求を分類することもできる．この場合システムの構成要素ごとに要求を対応付ける必要がある．エンタープライズ・アーキテクチャ（Enterprise Architecture, EA）の階層は，ビジネス・アーキテクチャ，情報システム・アーキテクチャ，テクノロジー・アーキテクチャからなる．情報システム・アーキテクチャは，データ・アーキテクチャとアプリケーション・アーキテクチャからなる．エンタープライズ・アーキテクチャについては，付録2で概説している．

　ISO/IEC/IEEE 29148では要求を，ステークホルダ要求，システム要求，ソフトウェア要求に分類している．したがって，情報システム・アーキテクチャはソフトウェア・アーキテクチャに相当する．エンタープライズ・アーキテクチャの階層を要求の分類と対応付けると表4-1のようになる．

表4-1　要求分類とEA階層

アーキテクチャ階層	ISO/IEC/IEEE 29148 要求分類
ビジネス・アーキテクチャ	ステークホルダ要求
データ・アーキテクチャ ソフトウェア・アーキテクチャ	ソフトウェア要求
テクノロジー・アーキテクチャ	システム要求

　このように，要求分類はシステム・アーキテクチャと関係が深いので，アーキテクチャ設計と要求分析を完全に分離することは実際には難しい．要求分析とアーキテクチャ開発を段階的に反復していくことで，適切にアーキテクチャ要素に要求を分類することができる．

4.3　要求分析の確認項目

　要求分析では次の4項目を確認する必要がある[1]．要求の妥当性の確認でも同様の項目を検討する．要求分析段階では要求仕様書として記述する前に抽出された要求を対象として確認する．これに対して要求の妥当性確認段階では要求仕様書について妥当性を確認する点が異なる．要求仕様書に書いてから誤りや冗長性を発見するよりも分析段階で確認しておいた方が効率的である．

（1）要求の必要性と完全性

　システムが対象とするステークホルダ要求の実現に貢献しない要求や不必要な要求が混入していないことを確認する．
　必要な要求がすべて分析されていることを確認する．要求の完全性を確認するためにはシステムの開発目標を実現する必要な要求が具体的に分析されている必要がある．
　図4-2では必要な要求と分析された要求の関係を示している．必要でない要求を分析しないようにする必要がある．

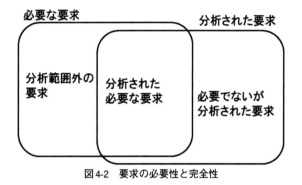

図4-2　要求の必要性と完全性

（2）要求間の類似性

　抽出された要求同士が互いに重複していないことを分析する．複数の要求が重複する場合には，冗長な要求を削減することでシステム開発を最適化できる．

（3）要求間の一貫性

　抽出された要求同士が互いに矛盾しないことを確認する．矛盾する要求間に優先順位を割り当てることで，要求の競合を解決できる場合がある．すなわち，要求の優先順位を用いて，より優先順位の高い要求を採用することで，要求間の競合の解消や，開発コストなどの資源制約を満足させるために必要な要求を選択することができる．

　たとえば，次のような4段階によって要求の優先順位を付与できる．

・必須（mandatory）
・強く望ましい（highly desirable）
・望ましい（desirable）
・任意（optional）

　安全性とセキュリティ，操作性とセキュリティなどは競合する品質特性の例である．このような場合，品質特性間の優先順位を重要性で相対的に

定義できる．たとえば，操作性よりもセキュリティが重要であると定義できる．

（4）要求の実現可能性

　抽出された要求を実現するために，技術的に開発可能であることと，必要な経費や開発期間，開発要員が用意されていることが必要になる．抽出されたとしても実現可能性がないステークホルダ要求を実現することは不可能なので，削除すべきである．また，個々の要求は実現可能であっても，すべての実現可能な要求を，所要の期間と経費で実現できない場合がある．この場合，要求の優先順位に応じて開発経費や開発期間を満足するように，実現可能な要求を選択して絞り込む必要がある．

4.4　要求分析プロセス

　前述した要求の分類と確認項目に従えば，次のような要求分析プロセスを構成できる．

（1）要求の分類

　要求の種類を明らかにし，種類ごとに要求を多面的に整理する必要がある．ステークホルダ要求では，「なぜシステムが必要になるか？」という問題を明らかにする必要がある．このためには，ステークホルダが抱える問題状況だけでなく，その原因についても知る必要がある．その上で解決策としてのシステム要求を定義することが重要になる．

　抽出されたステークホルダ要求では，これらの項目が整理されていないことが多い．たとえば，あるシステムについての顧客や営業担当の声を記述したシステムへの要求一覧票を調べたところ，これらの内容が混在していた．この要求一覧票には，要求事項だけではなく，問題の記述であったり，原因が書いてあったり，望ましい機能が記述されていた．このような混在する要求事項の記述内容をまず整理する必要がある．

このようなステークホルダからの要求を，関心事，問題状況，原因分析，あるべき姿，解決策としての要求に分類して整理する必要がある．この場合，表4-2に示す課題分析表を用いて要求を整理できる．

表4-2　課題分析表

項目	説明
関心事	ステークホルダが求めている価値観
問題状況	ステークホルダが苦労している特定の状況
原因分析	ステークホルダの苦労が発生する原因
あるべき姿	ステークホルダが問題を解決して実現しようとする状態
解決策	課題を解決するために実現すべきシステム要求

たとえば，ステークホルダからの要求を，関心事，問題状況，原因分析，あるべき姿，解決策としての要求に分類する．抽出されたステークホルダ要求では，これらの項目が整理されていないことが多い．このため，課題分析表を用いて要求を整理する必要がある．

図4-3に示すように，要求分析では，まず課題分析表を用いて課題解決策を明確化する．次いで，解決策を具体化するために，後述する概念モデリング手法を用いる．

（2）要求の評価

要求分類に基づいて要求間の関係を分析することにより，必要性，完全性，類似性，一貫性を明確化する．また要求の実現可能性についても明確化する．

課題分析表では，ステークホルダ要求と課題の解決策としてのシステム要求の依存関係を明確化することで，システム要求の必要性と完全性を評価できる．

（3）関係者の合意

ステークホルダ要求と対応するシステム要求について適切な関係者との間で問題点の解消について合意する．要求を構成する要素間の関係を分析するために，次に述べるような概念モデリング手法が提案されている．

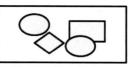

図4-3　要求分析モデリングプロセス

4.5　概念モデリング

　モデルを用いることで，事実とそれらの関係についての情報の選択的な理解や，より迅速な記録，そして曖昧さを排除した文書化を容易化できる (EU6.1)．モデルは，既存の現実や創造すべき現実の抽象化である．モデルには3つの重要な性質がある．

- **表現特性**：モデルが現実を反映する
- **縮退特性**：モデルが表現された現実を捨象する
- **実用特性**：指定された目的のためにモデルが構築される

　一般的に図式要素の集合を通じて現実をモデル化する概念モデルが要求工学で利用される．概念モデルを作成するために概念モデリング言語が必要である．概念モデリング言語は，構文（モデリング要素と妥当な組み合わせ）と意味（モデリング要素の意味）を持つ．要求モデルは開発すべきシ

ステムの要求を図で定義する概念モデルである．概念モデル図による要求
の文書化を自然言語による要求の文書化と比較すると，以下の利点がある．

・図で表現された情報の方が，理解と記憶がより早い
・要求の一つの側面を対象とした図で要求モデルを作成できる
・図式言語により，現実を抽象化した要求モデルを作成できる

　一方で，自然言語のほうが図式言語よりも以下の点で使いやすいという
意見もある．

・自然言語では，特別な構文をあらためて学習する必要がない
・自然言語では，図の知識がなくても理解できる
・現実を抽象化するよりも具体的な内容を説明する方が簡便である

　したがって，自然言語と概念モデルを適切に組み合わせることにより，
適切な要求文書化手法を実現する必要がある．たとえば，ユースケース図
には，文章で記述するユースケース仕様によってユースケースの内容を詳
しく記述することができる．
　モデルに基づく文書化の範囲では，開発対象システムの要求は機能要求
と非機能要求からモデル化される．機能要求はさらに3側面からモデル化
される（EU6.4）．

・機能要求
　・データ側面
　・機能的側面
　・振舞的側面
・非機能要求

　データ側面についての概念モデリングの典型的な例は，実体関連モデル
とUML（Unified Modeling Language）[2]のクラス図である．機能的側
面については，データフロー図やユースケース図，シーケンス図，アクティ

ビティ図（活動間のオブジェクトフローを持つ）が用いられる．振舞的側面については，状態遷移図やステートチャートである．非機能要求についてのモデリング言語の例はゴール木や課題分析表を図式化したArchiMateの動機分析図がある．

以下では要求分析で用いられる概念モデルについて説明する．

（1）データフローモデル

　システムの外部環境やプロセス間で入出力されるデータの流れに基づいて構成要素間の関係をモデル化する方法である．データフローの見方を変えると，入力データを出力データに変換する一連のプロセスを表現していると考えることもできる．データをモノに置き換えると，入力となる部品を加工して最終製品を製造するプロセスをデータフローモデルで表現できることがわかるだろう．この場合，プロセスはモノに関する「コト」を表すのである．

　要求の機能的側面が扱うのは，環境から受理した入力データをシステムの環境に放出する出力データへ変換することである（EU6.6）．機能的側面をモデリングするアプローチは，機能モデルを含んでいる．Tom DeMarcoの構造化分析[3]の例では，データフロー図が機能モデルとして利用されている．システム・コンテクストを伴うシステムの図式表現がコンテクスト図と呼ばれる．とくに，システム境界を定義するために使用されるデータフロー図もまた，コンテクスト図と呼ばれる．

　データフロー図のモデリング要素には以下がある．

・プロセス
・データフロー
・データストア
・ソース／シンク

　簡単な図書貸出機能に対するデータフロー図の例を図4-4に示す．

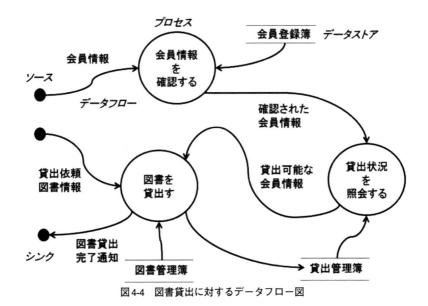

図4-4　図書貸出に対するデータフロー図

データフロー図では，制御フロー，あるいは，プロセスの内部動作がないために，データフロー図は補足的な，構造化された自然言語文によって補完される．たとえば，データフロー図のプロセスに対する機能をミニスペックと呼ぶ日本語文で記述できる．

（2）状態モデル

イベントによる状態遷移に基づいて構成要素間の関係をモデル化する方法である．通信分野やリアルタイム分野では代表的な表現法だ．UMLではアクティビティ図で記述する．

アクティビティ図のオブジェクトフローによってデータフローを表現できる（EU6.6）．したがって，この図がデータフロー図に対応している．アクティビティ図は活動ノードと，活動モード間の制御フローをモデル化する．オブジェクトフローは制御フローの特別な形式である．アクティビティ図の同期バーによって並行制御とオブジェクトフローのモデリングができる．判断ノードを用いて，代替制御とオブジェクトフローを記述できる．アクティビティ図の要素は，以下のとおりである．

・アクション
・状態と終端ノード
・制御フロー
・オブジェクトフロー
・判断ノード
・合流と代替制御フロー
・フォーク（並行性）
・ジョイン（並行性）
・階層化要素

　図書貸出に対するアクティビティ図の例を図4-5に示す.

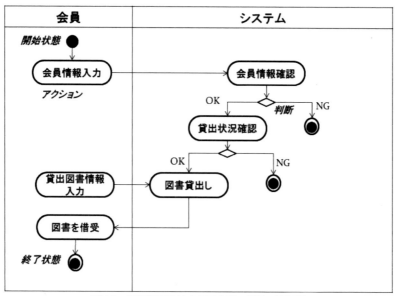

図4-5　図書貸出に対するアクティビティ図の例

　要求モデリングでは，システムの動的振舞は振舞的側面でモデル化される（EU6.7）.この側面では，システムの状態と，イベントに伴う状態遷移によってシステムの振る舞いを記述する.状態図では以下の要素を用いる.

・状態
・開始状態と終了状態
・状態遷移

図書貸出に対する状態図の例を図4-6に示す.

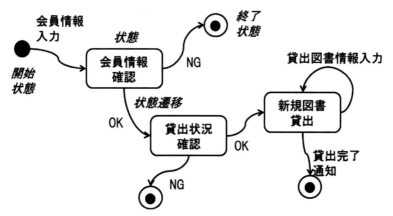

図4-6　図書貸出に対する状態図の例

（3）イベントシーケンスモデル

　サブシステム間で交換されるイベントとその応答の時間的な順序系列に基づいて構成要素間の関係をモデル化する方法である. 状態モデルと同じように通信分野やリアルタイム分野で用いられることが多い. UMLではシーケンス図で記述する.

　シーケンス図の構成要素には, シナリオ, 列, メッセージ, 生命線, 活性区間と停止記号がある（表4-3）.

表4-3　シーケンス図の構成要素

構成要素	説明
シナリオ	シーケンス図の左側に記述されるテキスト．シナリオを構成する手順は最上部が始点で，時間経過に従って最下部が終点
列	シナリオに出現するアクターとシステム，クラス，オブジェクト
メッセージ	アクター，システム，クラス，オブジェクト間の通信を表す水平方向の矢線
生命線	オブジェクトが存在していることを示す垂直方向の点線
活性区間	生命線の上に配置し，オブジェクトに制御が移っている区間を示す縦長の矩形
停止記号	生命線の上に停止記号（"X"）をおくことにより，このオブジェクトが削除され，それ以上存在しないことを示す

　図書貸出に対するシーケンス図の例を図4-7に示す．

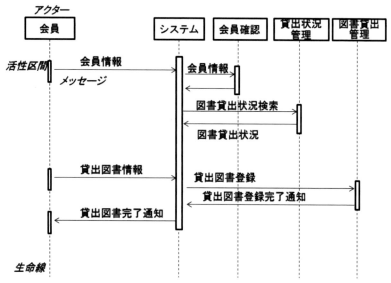

図4-7　図書貸出に対するシーケンス図の例

（4）ユースケースモデル (EU6.3)

　ユーザの観点から，計画中のシステムや既存システムを確かめ，文書化することに，ユースケースが役立つ．

　ユースケースは，オブジェクト指向ソフトウェア開発における要求モデルを記述するためにJacobsonによって考案された[4]．ユースケースモデルでは，アクターとユースケース，システム境界を記述する．また，アクター間の関係とユースケース間の関係を記述することもできる．ユースケース図の基本要素を表4-4にまとめる．

　ユースケース手法は2つの補完的な文書化技法に基づいている．

　要求追跡の効果には以下がある．

・ユースケース図
・ユースケース仕様

　ユースケース図は単純なモデルでシステムの機能をユーザの観点から文書化し，システムの機能間の相互作用と，これらの機能とシステム・コンテクストとの関係を文書化する．ユースケース図の典型的なモデリング要素は次の通りである（表4-4）．

・システム・コンテクストにおけるアクター（人あるいは他システム）
・システム境界
・ユースケース
・モデリング要素間の多様な関係の型

表4-4　ユースケース図の構成要素

要素	説明
アクター	システムと相互作用する利用者が果たす役割を記述する人形
ユースケース	アクターとシステム間の相互作用による機能を記述する楕円
システム境界	ユースケースを含むシステムの範囲を明示する矩形
関係	アクター間の一般化と，ユースケースの一般化，拡張，包含，実現を示す関係線

　図書貸出に対するユースケース図の例を図4-8に示す．

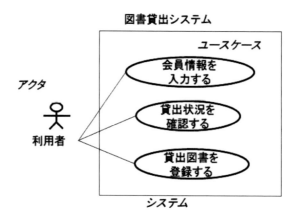

図4-8　図書貸出に対するユースケース図の例

　個々のユースケースの本質的な特性をより詳細な仕様を通じて，ユースケース仕様は概要的なユースケース図を補完する．この目的のために，事前定義されたテンプレートが一般的に，適切なユースケースごとに具体化される．典型的なユースケースのテンプレートの記述項目は以下の通りである．

・ユースケースの一意的な指定
・ユースケースの名称
・ユースケースの記述
・契機イベント
・アクター
・結果
・事前条件，事後条件
・主シナリオ
・代替シナリオ
・例外シナリオ

　ここで，主シナリオでは，ユースケースが成功する実行経路を記述する．代替シナリオでは，主シナリオの分岐と合流に対応する経路を記述する．

ユースケースの実行中に例外状況がどのように扱われるかを例外シナリオ
で記述する.

（5）ゴールモデル (EU6.2)

　ゴールとなる要求を部分要求（サブゴール）に段階的に展開していくこ
とにより，要求間の関係をモデル化する方法がゴールモデルである.
　開発すべきシステムあるいは関連する開発プロジェクトのステークホル
ダが望む典型的な特性をゴールで記述する．ゴールの文書化では，上位と
下位のゴールについて次の2種類の洗練関係（分解関係）を記述できる.

・**AND分解**：上位ゴールを達成するために，すべての下位ゴールを達成す
　る必要がある
・**OR分解**：上位ゴールを達成するために，少なくとも一つの下位ゴール
　を達成する必要がある

　ゴールモデルでは，ゴールを木構造で下位のゴールに分解することに
より，ステークホルダのニーズがシステム要求によって達成できるかどう
かを分析できる．このようなゴール分析過程を記録する代表的なモデルが
AND/OR木である（表4-5）．AND/OR木では，親ゴールが下位ゴール
によって達成できる条件として，AND条件とOR条件を区別して記述で
きる.

表4-5　AND/OR木の構成要素

構成要素	説明
ゴール	ステークホルダのニーズやシステム，ソフトウェアの機能要求や非機能要求を表現する
AND分解関係	親ゴールが達成されるために，すべての子ゴールが成立することが必要であることを表す
OR分解関係	親ゴールが達成されるために，少なくとも一つの子ゴールが成立することが必要であることを表す

　このようなゴール間の分解関係は，AND/OR木の形で文書化される．図
書貸出に対するゴール木の例を図4-9に示す.

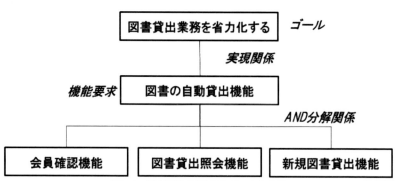

図4-9　図書貸出に対するゴール木の例

　ゴールとしてシステムが持つべき非機能要求を分析できる．この場合，非機能要求がゴールで機能要求が上位ゴールを実現する下位ゴールになる．もし非機能要求に対応する機能要求がなければ機能が不足している．機能要求に対する非機能要求が存在しなければ，この機能要求は必要がない可能性がある．

　ゴール指向モデルでは代替案を分析することもできる．たとえば，代替機能要求として案1と案2があるとする．これらを比較するためには比較基準として，性能，柔軟性，変更容易性などの非機能要求が必要となると仮定する．代替機能に対する非機能要求の評価を分解関係の属性として付加することにより，機能要求案1と案2に対する非機能要求の評価値を比較できる．

　図4-10に属性付非機能要求ゴール木[5]の例を示す．

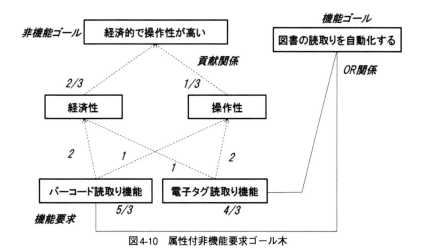

図4-10 属性付非機能要求ゴール木

（6）概念データモデル (EU6.5)

データ側面では，たとえば，データ構造が，システム・コンテクストにおける利用ならびに依存関係とともに文書化される．従来は，3種類のモデリング要素で現実の構造を文書化する実体関連図で，データ側面がモデル化されている．

また，実体型のインスタンスがそれによって指定された関係型の関係に参加する頻度を，カージナリティを用いて文書化できる．さらに，指定された関係型のある関係に参加する実体型のインスタンスの個数を，カージナリティを用いて文書化できる．

実体関連図（Entity Relationship Diagram）は，実体型，関係型，実体型ならびに関係型の属性，関係型の多重度に基づいて，データ側面から要求を記述することができる（表4-6）．

・実体型
・関係型
・属性

　実体型は共通の性質を持つ対象の集合を表す．関係型では，実体型の要素間で成立する具体的な関係を抽象化している．属性は，実体と関係が持つ共通的な性質を表す．関係型の多重度は，1:1，1:n，n:mなどの関係によって対応付けられる実体間の個数についての制約を記述する．

表4-6　実体関連図の基本要素

構成要素	説明
実体型	共通の性質を持つ対象の集合
関係型	実体型の要素間で成立する関係
属性	実体と関係が持つ共通的な性質
多重度	関係付けられる実体要素の個数についての制約条件

　図書貸出に対する実体関連図の例を図4-11に示す．

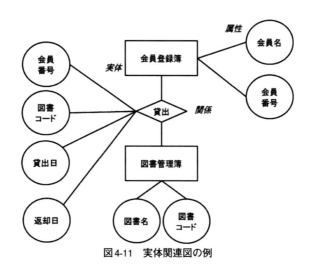

図4-11　実体関連図の例

　クラス図は，オブジェクト指向分析設計のために実体関連図に基づいて定式化された図式である．クラス図では，対象領域の静的なデータ側面から分析する．

　クラス図の構成要素は，クラスの属性ならびに操作を記述する矩形と，クラス間の関係を表す接続線である．クラス間の関係には，関連 (association)，一般化 (generalization)，集約 (aggregation)，複合集約 (composition)

がある（表4-7）.

表4-7　クラス図の基本要素

構成要素	説明
クラス	属性と操作を持つオブジェクトを矩形で記述
関連関係	クラス間の関係を接続線で記述
集約関係	白抜きのひし形を持つ接続線で全体と部分のクラス関係を記述
複合集約関係	黒いひし形を持つ接続線で全体がなくなると部分がなくなる集約関係を記述
一般化関係	白抜き三角を持つ接続線で上位と下位のクラス関係を記述
多重度	クラスが関係するオブジェクトの個数についての制約条件

　集約関係と複合集約関係は，特殊な関連関係である．集約と複合集約の共通点は，全体と部分の関係を表現していることである．集約と複合集約の違いは，複合集約では，全体がなくなれば部分もなくなる点である．集約では，全体と部分は独立に存在できるので，全体がなくなっても部分はなくならない．

　一般化関係は，上位のクラス（Super class）の性質を下位のクラス（Subclass）が継承するという関係を表現している．たとえば，日本人は人間である．したがって，日本人クラスの上位クラスは人間クラスであるから，日本人クラスの一般化は人間クラスであるということになる．つまり，国籍という属性を無視することによって日本人クラスを人間クラスに一般化していることになる．逆に言えば，下位クラスは上位クラスを具体化していることになる．

　クラスが関係するオブジェクトの個数についての制約を記述する多重度には，0..1，m，n..m，1..*などがある．ここで，0..1は，指定されたクラス関係のオブジェクトがあるとすれば1個であり，2個以上ではないことを示している．

　図書貸出に対するクラス図の例を図4-12に示す．

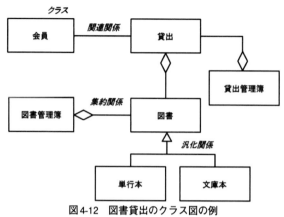

図4-12　図書貸出のクラス図の例

（7）ビジネスモデル

　ビジネスに関するプレーヤー，価値，取引関係をモデル化する方法である．BMC（ビジネスモデルキャンバス，Business Model Canvas）[6] がある．

　Business Model Canvas はビジネスモデルを構成する9項目の共通要素を1枚のカード形式にまとめて一覧できる手法である．BMCカードを図4-13に示す．

　BMCの構成要素には，パートナー，主要活動，主要資産,顧客価値,顧客関係，顧客セグメント，販売経路，経費構造がある（表4-8）．

　販売経路や経費構造を記述する点が，他の概念モデルとBMCが大きく異なる点である．

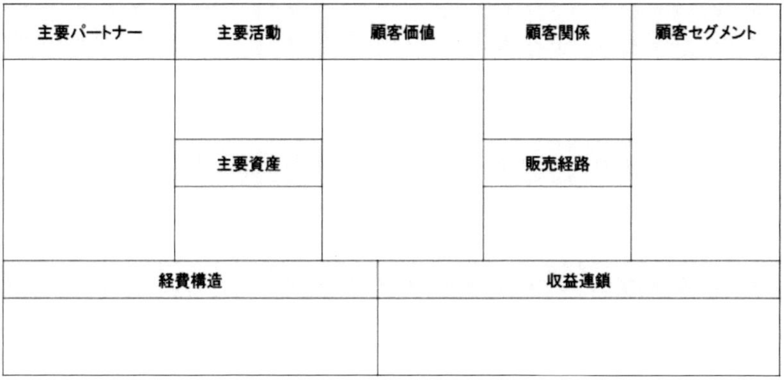

主要パートナー	主要活動	顧客価値	顧客関係	顧客セグメント
	主要資産		販売経路	
経費構造			収益連鎖	

図4-13　BMCの構成

表4-8　BMCの構成要素

構成要素	説明
主要パートナー	ビジネスを協働で支える組織
主要活動	主なビジネス活動
主要資産	ビジネスを実現するために組織がもつ重要な能力
顧客価値	顧客に提供する価値
顧客関係	顧客との相互作用関係
顧客セグメント	ビジネスが対象とする顧客層
販売経路	ビジネスを販売するために必要となる既存の手段
経費構造	ビジネスを運営するために必要となる経費
収益連鎖	ビジネスの収益構造

　図4-13から分かるように，BMCの構成要素は，ビジネスを協働で支える組織としての主要パートナー，主なビジネス活動としての主要活動，ビジネスを実現するために組織がもつ重要な能力を示す主要資産，顧客に提供する価値を示す顧客価値，顧客との相互作用関係を示す顧客関係，ビジネスモデルが対象とする顧客セグメント，ビジネスモデルを販売するために必要となる販売経路，ビジネスモデルを運営するために必要となる経費構造，ビジネスモデルの収益構造である．

　図書貸出に対するBMCの例を図4-14に示す．

主要パートナー	主要活動	顧客価値	顧客関係	顧客セグメント
図書読取機ベンダ	図書貸出	図書借受の効率化	図書館会員	地域住民
	主要資産		販売経路	
	所蔵図書		なし	
経費構造			収益連鎖	
図書館員給与 システム開発・運用費			図書館予算	

図4-14　BMCの例

（8）ビジネスプロセスモデル

　ビジネスプロセスはビジネスゴールを実現するための業務手順をモデル化する方法である．BPMN（Business Process Modeling Notation）[7] について説明する．

　BPMN（Business Process Modeling Notation）は，ビジネスプロセスをモデル化するために，OMGで標準化された表記法である．

　BPMNの基本要素は，フローオブジェクト，接続オブジェクト，スイムレーンと成果物である（表4-9）．

表4-9　BPMNの基本要素

種類	要素
フローオブジェクト	イベント，アクティビティ，ゲートウェイ
接続オブジェクト	シーケンスフロー，メッセージフロー，関連
スイムレーン	プール，レーン
成果物	データオブジェクト，グループ，注釈

　フローオブジェクトには，イベント，アクティビティ，ゲートウェイがある（表4-10）．

　接続オブジェクトには，シーケンスフロー，メッセージフロー，関連がある（表4-11）．スイムレーンには，プールとレーンがある（表4-12）．成

果物には，データオブジェクト，グループ，注釈がある（表4-13）．

表4-10　フローオブジェクト

要素	記号	説明
イベント	○ 開始イベント ◎ 中間イベント ○ 終了イベント	ビジネスプロセスで発生する事象としての契機と結果を表す
アクティビティ	▭	組織が実行する活動を表す．それ以上分解できない基本活動と，複数の活動からなる複合活動があるタスクとサブプロセスがある．記号＋を下部に明記してサブプロセスであることを示す．
ゲートウェイ	◇	シーケンスフローの分岐と合流を示す．ひし形の名前で制御の内容を示す．

表4-11　接続オブジェクト

種類	記号	説明
シーケンスフロー	──▶	ビジネスプロセスにおける活動の実行順序を示す
メッセージフロー	○‑ ‑ ‑▷	異なるプールで示されるプロセス主体間のメッセージのフローを示す
関連	‑‑‑‑‑‑▶	データ，テキスト，成果物と，フローオブジェクトに関連があることを示す．活動の入出力を示すために関連を用いる．

表4-12　スイムレーン

種類	記号	説明
プール	名称	ビジネスプロセスの主体を示す．活動を複数の主体に分割するために用いることができる．
レーン	名称/名称/名称	プール内部での分割を示す．活動をまとめるために用いることができる．

表4-13　成果物

種類	記号	説明
データオブジェクト	名称 [状態]	活動が必要とする入力データ，活動によって生成される出力データを示すために，関連によって活動と接続する
グループ		文書化や分析のために，複数の活動からなる範囲を示す
注釈	注釈	付加情報を提示することができる

図書貸出に対するBPMNの例を図4-15に示す．

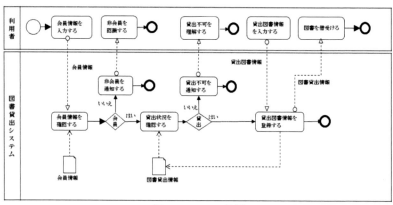

図4-15　BPMNの例

（9）動機分析モデル

　動機分析図はArchiMate[8]を用いて課題分析表を図式化した概念モデルである．動機分析図では，課題分析表の関心事，問題状況，原因分析，あるべき姿，解決策を，それぞれ，ArchiMateの価値，ドライバ，アセスメント，ゴール，要求によって図式化する（表4-14）．ArchiMateについては付録2で概説する．

　図書貸出の動機分析図の例を図4-16に示す．

表4-14 動機分析図の構成要素

項目	ArchiMate要素	記号
関心事	価値	
問題状況	ドライバ	
原因分析	アセスメント	
あるべき姿	ゴール	
解決策	要求	

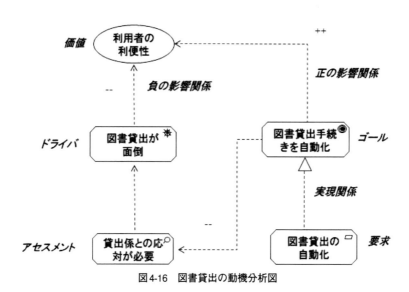

図4-16 図書貸出の動機分析図

4.6　まとめ

　本章では，要求分析について，位置付け，要求分析活動，要求分析の確認項目，要求分析プロセス，概念モデリング技法について説明した．

　要求分析プロセスでは，課題分析表を用いて概念モデリングで必要な情報を準備することが重要である．

　概念モデリングでは，データフローモデル状態モデル，イベントシーケンスモデル，ユースケース，ゴールモデル，概念データモデル，ビジネスモデル，ビジネスプロセスモデル，動機分析モデルを説明した．

第5章

要求仕様化

5.1　概要

　要求工学では，すべての重要な情報を文書化する必要がある（EU4.1）．散文体の自然言語による記述から構造的な意味を持つ図式まで，すべての要求表現を文書化技法と呼ぶ．

　要求文書は，プロジェクトライフサイクルの全工程で管理され，多様な開発担当者によってアクセスされる．

　要求仕様化の課題として，記述対象，記述方法，品質基準と利用方法がある（図5-1）．

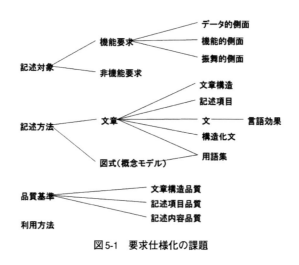

図5-1　要求仕様化の課題

（1）記述対象 (EU4.2)

　文書化の方法には以下がある．

・自然言語文書
　自然言語では，機能要求の3側面と非機能要求を文書化できる．
・構造化自然言語文書
　テンプレートや表を用いて自然言語を構造的に文書化できる．

・概念モデル文書

機能要求の文書化では，以下の3つの異なる側面を記述する．

・データ側面
・機能的側面
・振舞的側面

概念モデルでは，以下のようにしてこれらの3側面に即した図式を用いることができる．

・クラス図や実体関連図でデータ側面を文書化できる．
・データフロー図，ユースケース図，アクティビティ図などで機能的側面を文書化できる．
・状態遷移図などで振舞的側面を文書化できる．

（2）要求文書の利用 (EU4.4)

要求文書はプロジェクトライフサイクルで，以下のような多くの活動に対する基礎として役立つ．

・計画
・設計
・実装
・テスト
・変更管理
・システム使用とシステム保守
・契約管理

5.2　要求文書構造の種類

　要求文書構造の種類として，要求仕様書の構成，要求間の関係，要求記述項目，要求記述テンプレートがある（表5-1）．

表5-1　要求文書構造の種類

要求文書構造の型	例	参照
要求仕様書の構成	IEEE std. 830-1998[1] ISO/IEC/IEEE29148-2011[2] Volere 構造テンプレート[3, 4] Scenario Plus テンプレート[5]	5.3
要求間の関係	ゴール指向要求工学[6] ArchiMate[7] SysML[8] データフロー図，機能階層図	5.4
要求記述項目	Volere シェル・テンプレート[3-4] USDM (Universal Specification Description Manner)[9] ユースケース 要求記述表	5.5
要求記述テンプレート	ISO/IEC/IEEE29148-2011[2] EARS[10-11]	5.6

5.3　要求仕様書の構成

　要求文書の構成についての標準には，IEEE std. 830-1998とISO/IEC/IEEE 29148がある．IEEE std. 830-1998については，別の書籍[12]で述べたので本書では，ISO/IEC/IEEE 29148における要求仕様書の構成を説明する．

　ISO/IEC/IEEE 29148では，ステークホルダ要求，システム要求，ソフトウェア要求で要求の構成が異なる．たとえば，ステークホルダ要求とシステム要求，ソフトウェア要求に対して，表5-2, 表5-3, 表5-4のような要求仕様書の構成を提示している．

表5-2 ステークホルダ要求の構成

章	節
1. はじめに	1.1 ビジネスの目的 1.2 ビジネスの範囲 1.3 ビジネスの概要 1.4 定義 1.5 ステークホルダ
2. 参考文献	
3. ビジネスマネジメント要求	3.1 ビジネス環境 3.2 ゴールと目標 3.3 ビジネスモデル 3.4 情報環境
4. ビジネス運用要求	4.1 ビジネスプロセス 4.2 ビジネス運用ポリシーと規則 4.3 ビジネス運用制約 4.4 ビジネス運用モード 4.5 ビジネス運用品質 4.6 ビジネス構造
5. ユーザ要求	
6. 提案システムの概念	6.1 運用概念 6.2 運用シナリオ
7 プロジェクトの制約	
8. 付録	8.1 頭字語と略語

表5-3　システム要求の構成

章	節
1. はじめに	1.1 システムの目的 1.2 システムの範囲 1.3 システム概要 1.3.1 システムのコンテクスト 1.3.2 システム機能 1.3.3 ユーザ特性 1.4 定義
2. 参考文献	
3. システム要求	3.1 機能要求 3.2 操作性要求 3.3 性能要求 3.4 システムインタフェース 3.5 システム運用 3.6 システムモードと状態 3.7 物理特性 3.8 環境条件 3.9 システムセキュリティ 3.10 情報管理 3.11 ポリシーと法制度 3.12 システムライフサイクル継続性 3.13 パッケージ化，ハンドリング，出荷，配送
4. 検証	
5. 付録	前提条件と依存関係 頭字語と略語

表5-4 ソフトウェア要求の構成

章	節
1. はじめに	1.1 目的 1.2 範囲 1.3 製品概要 1.3.1 製品展望 1.3.2 製品機能 1.3.3 ユーザ特性 1.3.4 限界 1.4 定義
2. 参考文献	
3. 具体要求	3.1 外部インタフェース 3.2 機能 3.3 操作性要求 3.4 性能要求 3.5 論理データベース要求 3.6 設計制約 3.7 ソフトウェアシステム属性 3.8 支援情報
4. 検証	
5. 付録	5.1 前提条件と依存関係 5.2 頭字語と略語

　なお，ISO/IEC/IEEE 29148では，ステークホルダ要求仕様をStRS，システム要求仕様をSyRS，ソフトウェア要求仕様をSRSと略称している．

5.4 要求間の関係

　要求間の関係を表現する図として，ゴール指向要求図, 機能要求図, SysML要求図，ArchiMateなどがある（表5-5）．エンタープライズ・アーキテクチャとArchiMateについては，それぞれ付録2，付録3で概説する．

表5-5　要求関係図

要求関係図の種類	説明
ゴール指向要求図	上位のゴール要求を下位のゴール要求に階層的に，ゴールを分解していく
機能要求図	データフロー図，ユースケース図，機能階層図
SysML 要求図	ステレオタイプとして，①階層関係，②複製関係，③派生関係，④満足関係，⑤検証関係，⑥洗練関係，⑦追跡関係，⑧理由関係が定義されている．とくにSysMLの階層関係で，要求を階層的に分解することによって，ゴール分解を記述
ArchiMate	エンタープライズ・アーキテクチャを構成するビジネス・アーキテクチャ，情報システム・アーキテクチャ，テクノロジー・アーキテクチャの各階層の構成要素とその関係を記述できる

5.5　要求記述項目

　要求記述項目の構成例には，ユースケースや要求記述表などがある（表5-6）．

表5-6　要求記述項目の構成例

手法	識別情報	内容	関係
ユースケース	機能要求名	主体アクター，関連アクター，イベントフロー，代替フロー，事前条件，事後条件	関連する非機能要求
要求記述表	機能要求名	入力イベント，入力，機能，出力イベント，出力	入力対象，出力対象
Volereシェル	要求番号，履歴	要求種別，イベント番号，内容，適合基準，顧客満足度，顧客不満足度	理由，要求元，依存関係，対立要求番号，参考情報
USDM	要求番号	要求文，説明	理由 要求間の関係

　以下では，ユースケース仕様と要求記述表について説明する．

（1）ユースケース仕様

　ユースケースの具体的な内容を記述するために，表5-7に示すようなユースケース仕様を文章形式で記述するテンプレートが用いられる．

表5-7　ユースケース仕様テンプレート

項目	説明
識別子	ユースケースの一意な識別子
識別名称	ユースケースの一意な名称
作成者	ユースケースを記述した作成者名
優先度	優先順位技法でユースケースを評価した値
重要度	重大性の観点からユースケースの影響を評価した値
発出元	ユースケースを抽出したステークホルダ，文書，システムの識別子
責任者	ユースケースに責任を持つステークホルダ名
記述	ユースケースの簡潔な記述
契機	ユースケースが実行される契機を与えるイベント
アクター	ユースケースと相互作用するアクター
事前条件	ユースケースが実行できるためのすべての必要条件
事後条件	ユースケースの主シナリオの実行直後のシステムの状態
結果	ユースケースの実行中に生成される結果の記述
主シナリオ	ユースケースの主シナリオの記述
代替シナリオ	ユースケースの代替シナリオもしくは代替イベントの記述
例外シナリオ	ユースケースの例外シナリオまたは例外イベントの記述
品質	品質要求との相互参照情報の記述

（2）要求定義表

　一般的な機能に対するコントロールフロー図は，図5-2のようになる．

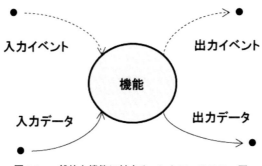

図5-2　一般的な機能に対するコントロールフロー図

　この図から分かるように，機能への入力には入力イベントと入力データがある．また，機能からの出力には出力イベントと出力データがある．イベント間にはトリガ関係がある．データ間にはフロー関係がある．イベントとデータの入力元と出力先は対象である．対象には機能がある．

　機能は非機能要求を実現する．機能には下位機能がある．非機能要求には下位の非機能要求がある．たとえば，非機能要求としての品質特性には副特性がある．

　これをまとめると，図5-3のような要求のメタモデルを定義できる．

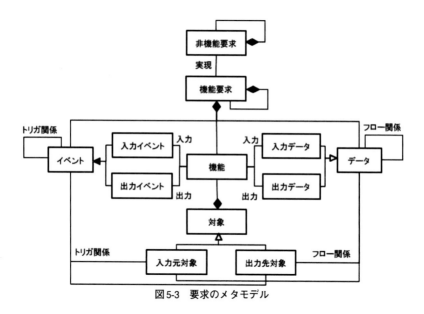

図5-3　要求のメタモデル

　このメタモデルに基づいて，以下のように，要求記述表を構成できる．

　要求記述表では，システム要求の構成要素として，対象，条件，機能，制約を記述する．

　対象として，システムが要求に従って操作する資源（データ，被制御装置など）を記述する．条件では，システムの状態，対象状態，イベント条件を記述する．イベント条件では，機能を実行する契機となる入力イベントと機能を実行した結果として外部に通知すべき応答としての出力イベン

トを記述する．イベントは瞬間的な事象である．イベントには条件イベントと時刻イベントがある．条件イベントは，ある条件が成立したことで発生する．時刻イベントは，ある時刻になったことで発生する．

機能では，入力に基づいて出力を生成する機能の内容を記述する．制約では，必要があれば機能を実行する上での条件を記述する．このように要求記述カードを用いることにより，要求の構成要素が不足なく抽出できていることを確認できる．

要求記述表では，「契機のとき，システムが，入力対象からの入力に対して，機能を実行することにより，出力対象に出力して，応答対象に応答する」という要求を具体化するために，契機，入力対象，入力，機能，応答対象，応答，出力対象，出力を記述する．

要求記述の作成手順は，以下のようになる．

［手順1］データフロー図を作成することにより，機能を実行するプロセスとその入出力を識別するとともに，プロセス間の関係を定義する．
［手順2］プロセスごとに要求記述表を作成することにより，機能要求を定義する．
［手順3］要求記述表に基づいて，機能要求を文章化する．

◆対象システム

ソフトウェア工学の共通問題[13]で紹介されている自転車事故防止システム（BAPS, Bicycle Accident Prevention System）を対象として，前述した手法を適用する．BAPSの記述は約2000字である．

BAPSの目的は，走行状況と環境状況を取得することにより，自転車事故の危険を検知して，警告するとともに事故を回避することである．BAPSの主な機能は，走行状況取得機能，環境状況取得機能，危険運転警告機能，事故回避機能，外部接続機能である．

BAPSの危険運転警告機能に対するコントロールフロー図の部分を図5-4に示す．コントロールフロー図はデータフローとコントロールフローを持つデータフロー図である．コントロールフローは点線で表す．

図5-4のコントロールフロー図では，危険運転警告イベントがコントロー

ルフローである.

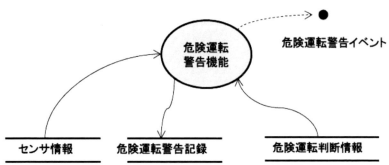

図5-4 危険運転警告機能の制御フロー図

図5-4の危険運転警告機能に対して,作成した要求記述表を表5-8に示す.なお,この要求記述表では,入力イベントを「契機」,出力イベントを「応答」としている.

この要求記述表を作成する場合,まず,危険運転警告機能を実行する契機を識別する必要があった.しかし,実行契機についての記述がなかった.実行契機には,時間起因の契機と,因果関係起因の契機がある.ここでは,明確な記述がなかったので,「センサーログが更新されること」を契機とした.

表5-8 要求記述表の例

要求仕様		危険運転を警告する			
契機		機能	応答	応答対象	
センサーログの更新			パイブレーション警告	ハンドル	
入力対象	入力		音声警告	スピーカ	
センサーログ	車輪の回転パルス ハンドルの回転角 車体の傾き 光量 湿度 車体振動 前方の物体	(1)センシングデータに基づき,危険運転を判別する. ・速度超過運転 ・ふらつき運転 ・急ブレーキ連続運転	警告サイン	運転者用ランプ	
			警告サイン	簡易モニタ	
			周辺音声警告	周辺者用スピーカ	
			周辺光警告	周辺者用ランプ	
危険運転判断 情報管理	自転車走行条件 走行環境条件	(2)運転者ならびに周辺者に指定された警告条件で警告する.	出力	出力対象	
危険運転警告 条件情報管理	警告条件 --タイミング --間隔 --期間		危険運転警告記録	警告ログ	

　次に入力対象とその入力，応答対象と応答，出力対象と出力を具体化する．
　入力対象として，センサーログ，危険運転判断情報管理，危険運転警告
情報管理を識別した．ここで，図5-1の制御フロー図では，入力対象とし
て危険運転警告情報管理がなかったことを注意しておく．危険運転警告情
報管理を入力対象として追加した理由は，運転者ならびに周辺者に警告す
る条件が必要になると判断したためである．共通問題では，「警告は運転者
ならびに自転車周囲者に適切なタイミングで適切な感覚で断続的に行う」
という記述があるだけである．ここで，この警告条件を外部から設定でき
るようにするか，機能内部だけで保持するかについても決める必要がある．
ここでは，外部接続装置から警告条件を設定できることにした．この理由
は，どのような警告条件が適切であるかについて試行錯誤が必要になると
考えたためである．
　応答対象と応答内容を対応付ける過程で，音声警告と光警告に対して，
それぞれ，スピーカとランプを摘出している．また，応答と出力の区別に
ついては，アクチュエータを応答対象とし，警告ログを出力対象とした．
　要求記述表に基づいて，要求を記述すると以下のようになる．

［例1］自転車事故防止システムの危険運転警告機能の要求記述
　［入力］
　　・センサーログから以下を入力する．
　　　・車輪の回転パルス
　　　・ハンドルの回転角
　　　・車体の傾き
　　　・光量
　　　・湿度
　　　・車体振動
　　　・前方の物体
　　・危険運転判断情報管理から以下を入力する．
　　　・自転車走行条件
　　　・走行環境条件
　　・危険運転警告条件情報管理から以下を入力する．

　　　・警告条件
　　　　・タイミング
　　　　・間隔
　　　　・期間

［出力］
　・危険運転警告記録に警告ログを出力する.

［応答］
　・ハンドルにバイブレーション警告を応答する.
　・スピーカに音声警告を応答する.
　・運転者用ランプに警告サインを応答する.
　・簡易モニタに警告サインを応答する.
　・周辺者用スピーカに周辺音声警告を応答する.
　・周辺者用ランプに周辺光警告を応答する.

［機能］
システムがセンサーログの更新を検知したとき,
（1）センシングデータに基づき,危険運転を判別する.
　・速度超過運転
　　・車輪の回転パルスが,走行環境条件で指定された光量,湿度,前方
　　　物体に対する,自転車走行条件で指定された速度を超過している.
　・ふらつき運転
　　・車体の回転角が,自転車走行条件で指定された角度を超過している.
　　・車体の傾きが,自転車走行条件で指定された傾きを超過している.
　　・車体振動が,自転車走行条件で指定された振動を超過している.
　・急ブレーキ連続運転
　　・車輪の回転パルスの変動量と間隔から測定した,急ブレーキ連続
　　　回数が自転車走行条件で指定された回数を超過している.
（2）運転者ならびに周辺者に指定された警告条件で,応答対象に応答
する.

　この要求記述例では，入力対象と応答対象の個数が多いため，1つの文で要求を記述するのではなく，入力，出力，応答，機能ごとに，内容を箇条書きしている．実際のシステム要求では，この例のように，入出力および応答の個数が多くなること，機能に複数の要素機能が含まれることが多いから，このような箇条書きが必要になる．

5.6　要求記述テンプレート

　ISO/IEC/IEEE 29148:2011 5.2.4 Requirements construct では，表5-9に示すように3種類の要求構文の型を例示している．なお，日本語構文に合わせるために，助詞を補うとともに，語順を入れ替えている．

表5-9　要求構文の例

要求構文の型	例
［条件］［主体］が［対象］を［制約］［活動］する必要がある．	信号 x を受信したとき［条件］，システムが［主体］信号 x の受信ビットを［対象］2秒以内で［制約］設定［活動］する必要がある．
［条件］［活動または制約］は［値］である必要がある．	海の状態が1のとき［条件］，レーダーシステムが目標を検知すべき範囲は［活動または制約］100 nautical マイル［値］である必要がある．
［主体］が［値条件］で［活動］する必要がある．	請求書システムが［主体］，昇順［値条件］で，支払いが保留中の顧客請求書を表示［活動］する必要がある．

　以下では，ロールスロイス社のMarvinらが提案している安全要求を自然言語で記述するためのEARS（Easy Approach to Requirements Syntax，要求定義のための簡易構文）テンプレートを紹介する[1,2]．
　この方法は，要求定義の専門家ではない発注者（ステークホルダ）が5種類のテンプレート構文を用いることにより，自然言語による要求定義が持つ曖昧性や検証不能性などの多様な問題を回避できるように考案されたものである．Marvinらは，この手法を航空機エンジン制御システムの要求記述に適用することにより，英語を用いた要求記述の多くの問題を解消できたと報告している．
　以下では，まずEARSによる要求記述テンプレートを紹介する．次に，自然言語で記述された要求をEARS形式で記述するための方法について説

明する．さらに，適用事例と適用上の留意点について解説しよう．なお，参考のために，英語構文も示している．

◆遍在型（Ubiquitous）

　無条件に動作することが求められる要求を記述するのが，遍在型要求テンプレートである．いたるところに存在することが遍在の意味である．

【構文1】〈システム〉は〈応答〉する必要がある

例：制御システムは燃料残量を提示する必要がある．

　［英語構文］〈system name〉shall〈system response〉

◆契機型（Event Driven）

　望ましい条件が発生したときに，必要となる要求を記述するのが契機型要求テンプレートである．

【構文2】〈望ましい条件〉の〈契機〉が発生した場合，〈システム〉は〈応答〉する必要がある

例：正しい条件の点火が発生した場合，制御システムは点火スイッチをオンにする必要がある．

　［英語構文］WHEN〈optional preconditions〉〈trigger〉the〈system name〉shall〈system response〉

◆不測型（Unwanted Behavior）

　不測の事態に対処するための要求を記述するのが，不測型要求テンプレートである．不測の事態としては望ましくない契機が発生したか，望ましくない状態に遷移したことなどが考えられる．

【構文3】〈不測の事態〉が発生したとき，〈システム〉は〈応答〉する必要がある

例：法定速度超過が発生したとき，制御システムは速度制限装置をオンにする必要がある．

　［英語構文］IF〈optional preconditions〉〈trigger〉,THEN the〈system name〉shall〈system response〉

◆状態型（State Driven）

　システムがある状態にいるときに限って，動作することが求められる要求を記述するのが状態型要求テンプレートである．

【構文4】〈システム〉が〈状態〉にある限り，〈システム〉は〈応答〉する必要がある

例：自動車が走行状態にある限り，制御システムはエンジンに燃料を供給する必要がある．

　［英語構文］ WHILE〈in a specific state〉, the〈system name〉shall〈system response〉

◆選択型（Optional Feature）

　システムがある特定の性質を持つときに限って，動作することが求められる要求を記述するのが選択型要求テンプレートである．

【構文5】〈システム〉が〈性質〉を持つなら，〈システム〉は〈応答〉する必要がある

例：自動車がABS装置を持つなら，自動車は横滑りしないように制御する必要がある．

　［英語構文］ WHERE〈feature is included〉, the〈system name〉shall〈system response〉

　この5つのテンプレートをまとめると表5-10のようになる．英語では，4つの条件を表すWHEN, IF, WHILE, WHEREと条件のない場合で明確に5個のテンプレートを分類できるのだが，日本語では，場合，とき，限り，なら，のように4つの条件を分けることもできるが，なんとなくピンとこないかもしれない．無理に区別するよりも，すべて「場合」にして統一したほうがいいかもしれない．

表5-10 EARS テンプレートによる要求記述構文の型

要求型	構文
遍在型	〈システム〉は〈応答〉する必要がある
契機型	〈望ましい条件〉の〈イベント〉が発生した場合，〈システム〉は〈応答〉する必要がある
不測型	〈不測の事態〉が発生したとき，〈システム〉が〈応答〉する必要がある
状態型	〈システム〉が〈状態〉にある限り，〈応答〉する必要がある
選択型	〈システム〉が〈性質〉を持つなら，〈応答〉する必要がある

この5種類のテンプレートの相互関係を整理すると図5-5のようになる．

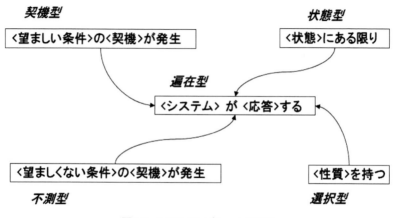

図5-5　EARS テンプレートの関係

　要求テンプレートは，最初からこのテンプレートを用いて要求を記述するのではなく，既存の要求をこのテンプレートによって改善するために用いられている．この意味では，要求テンプレートは要求確認手法としても用いることができるわけである．

　さて，この要求テンプレートの適用手順は，表5-11に示すような7ステップから構成されている．

表5-11　要求テンプレートの適用手順

手順	内容
1	自然言語文をスプレッドシートに転記
2	要求，題名，情報，その他に，文を分類
3	EARSテンプレートを用いて文を再記述
4	複合要求を分解
5	必要があれば，上の手順を反復する
6	テンプレート化された要求を専門家が確認
7	EARSテンプレートを洗練

[手順1] 自然言語文をスプレッドシートに転記する
[手順2] 要求，見出し，情報，その他に，文を分類する
[手順3] EARSテンプレートを用いて要求文を再記述する
[手順4] 複合要求を単一要求に分解する
[手順5] 必要があれば，上の手順を反復する
[手順6] テンプレート化された要求を専門家が確認する
[手順7] テンプレートによる記述内容を洗練する

　文献では，スプレッドシートの様式が公開されていないので詳細は良くわからないが，おそらく，原要求文ごとに手順1で識別番号を付けるのだろう．手順2で各文を分類して，手順3で要求文を選択して5種類の型を判断するとともに，テンプレートで書き直すことになる．このように考えると，たとえば，図5-6で示すようなスプレッドシートを用意すると便利だろう．

原文番号	原文内容	原文種別	要求型種別	テンプレート記述

```
            ①要求          ①遍在型
            ②見出し        ②契機型
            ③情報          ③不測型
            ④その他        ④状態型
                          ⑤選択型
```

図5-6　スプレッドシートの様式

この過程で，複数の要求からなる要求文を見つけたら，手順4で単一要求文になるように原文を分解することになる．このように，原文を分解する必要が生じた場合には，同じ原文番号に対して複数のテンプレート記述を作成する．このとき，同じセルの中に複数のテンプレートを記述することになるので，各テンプレートには子番号を付与しておくことが望ましい．

手順6で，システムの専門家がテンプレートを確認するときには，①遍在型，②契機型，③不測型，④状態型，⑤選択型に要求が明確に分類されているので，効率的にレビューできると思われる．手順7では，この確認結果に基づいてテンプレートの内容を修正する．

5.7　要求品質文書

ソフトウェア品質要求は，ソフトウェア内部だけで定義できるのではなく，ソフトウェアを取り巻く外部環境にあるステークホルダのニーズ，ステークホルダの要求，システム要求，そしてソフトウェア要求を考慮することが必要になる（図5-7）．

ステークホルダ・ニーズの一部としてステークホルダが求める品質ニーズがある．このステークホルダ品質ニーズを解決するための期待としてス

テークホルダの品質要求が定義される．ステークホルダ品質要求に基づい
てシステム品質要求と対応するソフトウェア品質要求が定義される．この
ようにソフトウェア品質要求の作成では，根拠となる位置づけを明確化す
ることが重要になる．

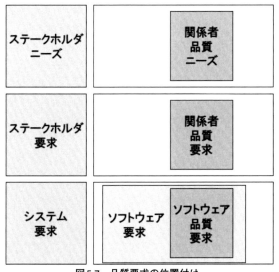

図5-7　品質要求の位置付け

ソフトウェア品質要求の定義では，まず品質要求を定義して，次に仕様
化する．品質要求定義では，システム利用環境におけるユーザが必要とす
るサービスを提供するための要求を定義する．品質要求の仕様化では，ス
テークホルダがもとめる品質要求の分析に基づいて，ソフトウェア製品に
対する品質要求を仕様化する．

（1）ソフトウェア要求品質の定義

ソフトウェア品質要求は，品質特性，属性，尺度，目標値の4項目で定
義する．品質特性として，性能や操作性を指定する．属性として，指定し
た品質特性について客観的に測定可能なデータ項目を指定する．たとえば，
データ量や時間を指定する．尺度として，属性を測定する際に用いる具体

的な方法を指定する．たとえば，何についてのデータ量を測定するのか，どのような状況の下でどんな時間を測定するかを具体的に定義する．目標値では尺度で測定した結果の値についてシステムが満たすべき値を定義する．

　たとえば，表5-12に示したように，品質要求の一種である応答性能を定義することができる．

表5-12　ソフトウェア品質要求の定義例

標準	例
品質特性	時間効率性
属性	応答時間
尺度	応答メッセージMを平常時に10個生成する時間を測定して平均時間を計算する
目標値	1秒以内．最悪の場合3秒以内．

（2）ソフトウェア品質要求の構成

　ソフトウェア品質要求の構成内容は，表5-13に示したようにスコープ，適合性，規範的参考文献，用語定義，ソフトウェア品質要求フレームワーク，品質要求の要求，付録である．

　ソフトウェア品質要求フレームワークでは，以下を記述する．

・ソフトウェアとシステム
・ステークホルダとステークホルダの要求
・ソフトウェアの性質
・ソフトウェア品質測定モデル
・ソフトウェア品質要求
・システム要求の構成
・品質要求ライフサイクルモデル

　品質要求の要求では，一般要求と仮定，ステークホルダ要求，ソフトウェア要求を記述する．ステークホルダ要求では，システム境界，ステークホルダ品質要求，ステークホルダ品質要求の妥当性確認を記述する．
ソフトウェア要求では，ソフトウェア境界，ソフトウェア品質要求，ソフト

表5-13　ISO25030 ソフトウェア品質要求[14]の構成

章	内容		
1章	スコープ		
2章	適合性		
3章	規範的参考文献		
4章	用語定義		
5章	ソフトウェア品質要求フレームワーク	目的 ソフトウェアとシステム ステークホルダ要求 ソフトウェアの性質 ソフトウェア品質測定モデル ソフトウェア品質要求 システム要求の構成 品質要求ライフサイクルモデル	
6章	品質要求	一般要求と仮定	
		ステークホルダ要求	システム境界 ステークホルダ品質要求 ステークホルダ品質要求の妥当性確認
		ソフトウェア要求	ソフトウェア境界 ソフトウェア品質要求 ソフトウェア品質要求の妥当性確認
付録	用語と定義 ISO/IEC 15288 プロセス 文献一覧		

ウェア品質要求の妥当性確認を記述する.

（3）品質特性シナリオ

　品質特性に特化して表5-14に示す6項目で定義される内容を品質特性シナリオと呼ぶ[15].

表5-14 品質特性シナリオの構成

構成要素	説明
刺激の発生源 (source)	人間，コンピュータ，あるいは他の装置など刺激を生成する実体
刺激 (stimulus)	それが到達すると，システムが反応する状況
環境 (environment)	刺激が発生する際にシステムが置かれている状況
成果物 (artifact)	刺激を受ける実体としてのシステムあるいはその一部分
応答 (response)	刺激が到着した際に開始される活動
応答測定 (measure)	要求に対して応答をテストするための測定手段

　品質特性シナリオには，一般シナリオと具象シナリオがある．一般シナリオは具体的なシステムとは独立に定義される．これに対して具象シナリオは，特定のシステムに対して一般シナリオを具体化したシナリオである．

　品質特性シナリオとして，可用性，変更容易性，性能，セキュリティ，テスト容易性，使いやすさなどを定義できる．これらに対する品質特性シナリオの定義では，表5-15の内容を記述する．

【例】品質特性の記述例
　可用性についての品質特性シナリオの記述例を以下に示す．

［非機能要求］　可用性
［主体］　システムの外部環境
［対象］　システム
［事前状況］　通常状態
［契機］　想定外のメッセージを受信
［シナリオ］
　　1）受信した想定外メッセージから対象となる可用性資源を特定
　　2）可用性資源の復旧通知
　　3）可用性資源の動作を継続
［入力］　想定外のメッセージ
［出力］　可用性資源の運用続行通知
［応答］　オペレータへ運用続行を通知
［事後状況］　オペレータが運用続行メッセージを受理
［関係者］　オペレータ
［役割分担］　想定外メッセージ受信時にオペレータが対応
［品質測定基準］　想定外メッセージ条件では，可用性を保証する資源についてどのような想定外メッセージが発生する条件を定義

5.8 要求文書化の留意点

（1）要求文書の品質基準 (EU4.5)

後続する開発工程に対する基礎として役立つために，要求文書は適切な品質基準を満たすべきである．具体的には，以下の品質基準が含まれる．

・明確性
・完全性
・一貫性
・修正容易性と拡張性
・追跡性

（2）用語集 (EU4.7)

要求工学で発生する矛盾のよくある原因は，参加者間での用語の異なる理解である．この問題を防ぐためには，次のことが必要である．すなわち，用語集ですべての適切な語彙が定義されていることである．用語集は以下についての語彙定義の集まりである．

・コンテクスト固有の技術用語
・略語と頭辞語
・与えられたコンテクストで特別な意味を持つ日常概念
・同義語
・同音異義語

用語集を用いるときは，以下の規則を考慮すべきである．

・用語集が中心的に管理されるべきである
・用語集を保守する責任を定義すべきである
・プロジェクトの進路を通じて用語集が保守されるべきである
・共通的に用語集をアクセスすべきである

・用語集の使用が必須化されるべきである
・用語集は語彙の出典を含むべきである
・ステークホルダが用語集に合意すべきである
・用語集の記載は一貫性のある構造を持つべきである

　後での調整作業を削減するために，できるだけ早期に用語集の開発を始めることが有効である．

（3）言語効果 (EU5.1)

　自然言語はしばしば曖昧で多様に解釈できることから，この様相に対して正確に特別な注意を払う必要がある．理解と記述の過程ではいわゆる「変換過程」が起きる．要求の著者が実際に意味していることを正確に抽出するために，利用できる5つの変換過程は次の通りである．

・名詞化
・参照されない名詞
・万能限量詞（「すべて」「あらゆる」など）
・不完全に指定された条件
・不完全に指定された処理用語

　たとえば，ISO/IEC/IEEE29148では，表5-15のような曖昧用語を例示している．このような用語を具体的な用語に置き換える必要がある．

表5-15 曖昧用語の例

表現	例
誇張的	最高の，最も
主観的	ユーザフレンドリ，使いやすい，費用対効果の高い
代名詞	それ，これ，あれ
形容詞	有用な，最小の
副詞	ほとんどいつも
評価不能	支援を提供，に限定しない，最小限
相対的	より良い，高品質
抜け道	もしできれば，適切なように，適用できるように
不完全参照	参照の抜け，日付，版番号
否定形	システムが提供してはいけない能力

5.9 まとめ

　本章では要求仕様の一般的な構成法について紹介した．要求仕様記述の方法については図5-8に示すように要求仕様を記述するときの章構成（目次項目），記述項目のひな型，文のひな型（テンプレート）などがある．できるだけわかりやすく，かつ定型的に要求仕様書を構成することが重要である．

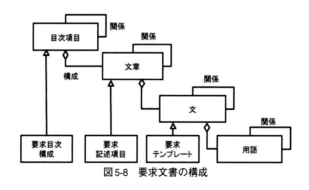

図5-8 要求文書の構成

　重要な点は，ソフトウェアがビジネス環境や，物理環境およびシステム

の一部であり，それらとの接点としての相互作用を要求仕様で明確に規定することと，要求項目を明確に説明するために，要求仕様が持つべき性質を決めておくことである．

　また，要求文書化の手法を知っているだけでは組織の中で適切に要求仕様を作成できるとは限らない．要求仕様化について組織的な能力を評価する必要がある．要求仕様化能力評価指標について付録4で紹介したので参考にしていただきたい．

第6章

要求確認

6.1　概要

　要求確認では，品質基準に基づいて要求を確認することにより，要求について合意を形成する．確認原則に従って，要求を確認する．

　要求の品質基準には，文書品質基準，関係基準，開発基準がある．文書品質基準には最新性，理解性，正確性，適切性がある．関係基準には完全性，一貫性，追跡性，適合性がある．開発基準には実現性と検証性がある．

　要求確認の確認手法には，優先順位付け，レビュー，プロトタイピング，テスト項目作成，保証ケースなどがある．

　これをまとめると，図6-1のようなメタモデルになる．

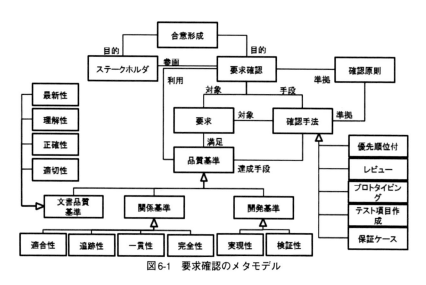

図6-1　要求確認のメタモデル

　以下では，これらについて説明する．

6.2　合意形成 (EU7.2, EU7.6)

　要求確認の目的は要求について合意形成することである．

　合意形成では，適切なステークホルダと開発対象システムの要求につい
て共通理解を確立する．要求の合意形成では，以下の活動を遂行する．

・矛盾の識別
・矛盾の原因分析
・矛盾の解消
・矛盾解消結果の文書化

　要求の矛盾には次のような種類がある．

・**データ矛盾**：対立するデータがある．たとえば，統一されていないデー
　タ構造がある．
・**機能矛盾**：対立する機能がある．たとえば，異なる機能からどれを選択
　するか決定できない．
・**振舞矛盾**：対立する振舞がある．たとえば，実行順序が統一されていな
　い振舞がある．
・**非機能要求矛盾**：対立する非機能要求がある．たとえば，セキュリティ
　と操作性が対立する．

　矛盾の解消では，次のような判断が必要になる．

・対立する要素の一方を採用する
・対立する要素を統合する
・対立する要素間に優先度を配分する

　矛盾の解消結果の文書化では，摘出した矛盾ごとに解消対策と，その結
果としてどのように要求を修正したかを記述する必要がある．

6.3　確認原則 (EU7.4)

　確認原則は，要求確認活動を実施する上で遵守すべき原則である．例えば，以下のような確認原則がある．

・適切なステークホルダが要求確認に参画すること
・摘出と修正を分離すること
・多面的な視点で要求を確認すること
・反復的に要求を確認すること
・修正結果を記録すること
・要求の品質基準を予め定義すること
・品質基準を確認した結果を記録すること

　要求確認活動を開始する前に，確認原則を規定しておく必要がある．反復的な要求確認が必要になる理由は，一度にすべての項目を人間が確認するのは難しいからである．特定の項目に焦点あてて繰り返し要求を確認する必要がある．

6.4　品質基準 (EU4.6, EU7.3)

　要求の品質基準には，文書品質基準，関係基準，開発基準がある．文書品質基準には最新性，理解性，正確性，適切性がある．関係基準には，完全性，一貫性，追跡性，適合性がある．開発基準には，実現性と検証性がある．

（1）文書品質基準

　要求の文書品質基準には，最新性，理解性，正確性，適切性がある（表6-1）.

表6-1　文書品質基準

品質基準	説明
最新性	要求仕様書の記述が最新であること
理解性	要求仕様書の記述が容易に理解できること
正確性	要求仕様書の記述に誤りがないこと
適切性	要求仕様書の記述が適切であること

　要求仕様書の記述が最新であることが最新性である．最新でない記述を確認しても無駄になる．要求仕様書の記述が容易に理解できることが理解性である．記述内容が理解できなければ，確認することはできない．要求仕様書の記述に誤りがないことが正確性である．要求仕様書が正確に記述されていなければ，望ましいシステムを実現できない．要求仕様書の記述が適切であることが適切性である．

（2）関係基準

　関係品質基準は，要求と他の情報との相対的な関係に基づいた品質基準である．完全性，一貫性，追跡性，適合性がある（表6-2）.
　完全性は，要求工程の下流工程である設計工程およびテスト工程に対して要求仕様が完全であることを定義する品質基準である．

表6-2　関係品質基準

関係品質基準	説明
完全性	設計する上で十分な情報が要求仕様で記述されていること テストする上で十分な情報が要求仕様で記述されていること
一貫性	StRS の要求仕様が SyRS で参照されること SyRS の要求仕様が SRS で参照されること 要求仕様間で矛盾がないこと
追跡性	要求仕様で記述されている情報が前方追跡性を持つこと 要求仕様で記述されている情報が後方追跡性を持つこと
適合性	法制度や標準に対して要求仕様で記述されている情報が準拠していること

■完全性

　要求仕様の完全性について，Leveson が以下のように定義している[1].

「要求仕様に含まれている情報が，ソフトウェアの望ましい挙動と望ましくない挙動を設計者が判断する上で不十分であるとき，要求仕様はあいまいである．あいまいでない要求仕様が完全である」（Leveson）

これを要求仕様の設計完全性と呼ぶことにする．

また，設計だけではなく，テスト仕様についても，要求仕様が完全であるべきであることから，以下の完全性の定義が得られる．

要求仕様に含まれている情報が，ソフトウェアの望ましい挙動と望ましくない挙動をテストする上で不十分であるとき，テストの点で要求仕様は曖昧である．テストの点で曖昧でない要求仕様がテスト完全である．

同様に，この記述をシステム要求仕様とステークホルダ要求仕様に適用することにより，以下の完全性の定義が得られる．

システム要求仕様の情報が，望ましいソフトウェア要求と望ましくないソフトウェア要求を判断する上で不十分であるとき，システム要求は曖昧である．曖昧でないシステム要求仕様が完全である．

ステークホルダ要求仕様の情報が，望ましいシステム要求と望ましくないシステム要求を判断する上で不十分であるとき，ステークホルダ要求仕様は曖昧である．曖昧でないステークホルダ要求仕様が完全である．

■一貫性

一貫性は，異なる要求間で矛盾がないことに基づいて定義される品質基準である．同じ要求仕様の中にある異なる要求間の一貫性と，ステークホルダ要求がシステム要求で参照される一貫性，システム要求がソフトウェア要求で参照される一貫性がある．

■追跡性

追跡性は，要求仕様で記述されている情報が前方追跡性を持つことと，要求仕様で記述されている情報が後方追跡性を持つことを定義する品質基準である．前方追跡性は，対象とする情報が作成される工程に後続する工程で作成される情報に対応付けられていることである．後方追跡性は，対象とする情報が作成される工程に先行する工程で作成される情報に対応付

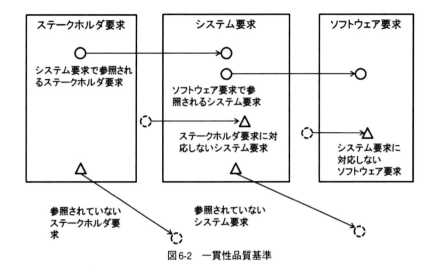

図6-2　一貫性品質基準

けられていることである．要求工程に後続する工程で作成される工程生産物の情報に，要求仕様の情報が対応付けられているのは前方追跡性である．要求工程の前工程の情報，とくにステークホルダのニーズに要求仕様の情報が対応付けられていることが後方追跡性である．

■適合性

　適合性はシステム開発の外部で規定されている法制度や標準に要求仕様が準拠していることを確認する品質基準である．要求仕様では，個人情報保護法を考慮する必要がある．また，要求仕様書の構成がISO/IEC/IEEE 29148の標準や，組織標準に準拠するという適合性が必要になる可能性がある．

（3）開発基準

　開発基準には，実現性と検証性がある．
　実現性は，現在の技術で要求を実装できることを確認する品質基準である．
　検証性は，要求に対して有限のコストで評価可能な手続きが存在して検

証できることを確認する品質基準である．

6.5　確認手法 (EU7.5)

　要求確認の確認手法には，優先順位付け，レビュー，プロトタイピング，テスト項目作成，保証ケースがある．

（1）優先順位付け (EU8.3)

　要求の優先順位を評価項目に基づいて判断することができる．

　まず，優先順位の評価項目 C_i を識別する．評価項目 C_i の重み W_i を決定する．

　要求 r ごとに，C_i の評価値を決定する．

　要求 r の評価値を $\Sigma_{i=1,n} C_i(r)$ で表す．要求 r の優先順位を，$\Sigma_{i=1,n} C_i(r) W_i$ の大きさで判断することができる．必要がなければ，評価項目の重みを省略してもいい．

　この方法で，表6-3に示すような4個の機能改善要求に対して優先順位を決定してみよう．ここで，QCD（Quality, Cost, Deliverly）に対応させて，有効性（Q）緊急性（D）実現容易性（C）を評価項目とする．また，相対的な重みを，Q:D:C=2:3:1 とする．各評価項目を3段階（5点，3点，1点）で評価することにしよう．このとき，表6-3のようにして要求の優先順位を簡単に決定できる．

表6-3 優先順位決定表

番号	機能改善要求	比較項目（重み）			優先順位（評価点）
		有効性 (2)	緊急性 (3)	実現容易性 (1)	
1	煩雑なユーザ操作が必要にならないようにエラーメッセージを変更する	3	3	5	3 (20)
2	表示中の項目を隠さないように追加項目を表示する	5	5	3	1 (28)
3	表示メッセージの表現を統一する	1	3	5	4 (16)
4	目的型の機能設定を追加する	3	5	1	2 (22)

　ここで，実現容易性は値が小さいほど，経費が高くなることを注意しておく．実現容易性が小さいと優先順位は下がる傾向になる．

（2）レビュー

　以下に示すような要求レビュー手法がある[2-4]．

表6-4 要求レビュー手法

手法	説明
CBR Checklist Based Reading	レビュー参加者がチェックリストを用いて要求仕様書を検査する．チェックリストの質問事項に回答することにより要求誤りを発見する．
DBR Defect Based Reading	欠陥分類ごとに専門のレビュー参加者が要求仕様書を検査する．
SBR Scenario Based Reading	誤り分類ごとに摘出するための手続きとしてのシナリオを用いて要求仕様書を検査する．シナリオでは，役割と関心事，情報の抽出手順，抽出した情報についての質問を記述する．
PBR Perspective Based Reading	ステークホルダの立場（Perspective）から要求仕様書を検査する．ユーザ，設計者，試験者など立場ごとに異なる欠陥を発見することができる．
UBR Usage Based Reading	ユースケースごとに要求仕様書を検査する．ユーザの視点に立つことで欠陥の発見を効率化する．

◆CBR（Checklist Based Reading）

　レビュー参加者がチェックリストを用いて要求仕様書を検査する．チェックリストの質問事項に回答することにより要求誤りを発見する．たとえば

表6-5に示すようなチェックリストを用意しておくことで，指摘項目の見落としがないことを確認できる．

表6-5　チェックリストの例

分類	内容
完全性	□すべての依頼に対して応答できるか？ □目標を達成するためのシナリオが含まれているか？ □通常シーケンスに対する異なるすべての結果を定義しているか？ □通常シーケンスに対する例外を定義しているか？
明快性	□複数の解釈ができることはないか？
理解性	□意味を理解するのに何回も読み直す必要があるか？ □要件間の関係が複雑になっていることはないか？
簡潔性	□簡潔な表現に置き換えられないか？ □詳細に記述しすぎてはいないか？ □記述を省略することはできないか？ □不必要な参考情報があるのではないか？

　要求仕様書で記述すべき項目ごとに確認すべき品質特性を予め定義しておくことができる．記述項目に対応する品質特性について，要求定義書をチェックした結果を評価レポートとして作成できる．実際に，この考え方に基づく特許が公開されている[5]．

◆DBR（Defect Based Reading）

　欠陥分類ごとに専門のレビュー参加者が要求仕様書を検査する．たとえば，Porterらは欠陥分類ごとに，摘出するためのシナリオを用意している[6]．またVilbergsdottirらは操作性に対する問題分類を提案している[7]．

◆SBR（Scenario Based Reading）

　誤り分類ごとに摘出するための手続きとしてのシナリオを用いて要求仕様書を検査する．シナリオでは，役割と関心事，情報の抽出手順，抽出した情報についての質問を記述する．

◆PBR（Perspective Based Reading）

　ステークホルダの立場（Perspective）から要求仕様書を検査する．ユー

ザ，設計者，試験者など立場ごとに異なる欠陥を発見することができる．PBRはSBRの一種である．

　下流工程や運用時に要求誤りが発見されるということは，その工程に係るステークホルダの立場で要求仕様を検査することができれば，このような要求誤りを早期に摘出できることになる．

◆UBR（Usage Based Reading）

　ユースケースごとに要求仕様書を検査する．ユーザの視点に立つことで欠陥の発見を効率化する．UBRもSBRの一種である．

　上述したように，要求仕様書の品質を向上するためには，要求の曖昧さを解消することが重要になる．実際には要求の記述を繰り返し洗練していくことが必要になる．レビューでどんな曖昧さを指摘できるかを示すために，次のような要求記述をレビューしてみよう．

【要求記述例】[8]
（R1） WebサイトでPCショップ販売支援システムを提供している．このWebサイトに見積書作成機能を追加する．
（R2） 見積もりの対象はPCのハードウェア，ソフトウェア，ネットワーク機器，サプライ商品とする．
（R3） 利用者が購入価格の見積もりをシミュレートできる．
（R4） Webサイトの閲覧者は見積書の発行を依頼し，見積書を受け取ることができる．
（R5） 販売担当者が介在しなくても見積書を閲覧者に送ることができる．
（R6） 見積書を発行する都度，見積書を発行した記録を残す．
（R7） 見積書の作成でキーボードからの入力を減らしたい．
（R8） トップページで見積書作成へのリンクを張る．

【レビュー例】
　たとえば，次のようにして記述上の曖昧さを摘出することができる．

- **R1**：Webサイト，PCショップ販売支援システムと見積書作成機能の関係が曖昧である．
- **R2**：PCとハードウェア，ソフトウェア，ネットワーク機器，サプライ商品の関係が曖昧である．また，見積もり対象として，PCは入るのか入らないのかも良く分からない．これらは指示範囲の曖昧さの例である．
- **R3**：見積もりをシミュレートするための条件やシミュレートの結果は何か？が曖昧である．たとえば，シミュレートするための入力は何かが不明である．利用者（R3）と閲覧者（R5）やWebサイトの閲覧者（R4）の関係が曖昧である．
- **R4**：見積書と見積もりの関係が曖昧である．見積書をどのように受け取るのかが曖昧である．見積書の発行を依頼する契機が曖昧である．また「発行」「受け取る」「送る」という用語の間の関係が不明である．さらに，シミュレートした場合には，何かを送ることはないのだろうか？
- **R5**：販売担当者が介在する状況とは何かが曖昧である．逆に介在しない状況とは何かも具体的ではない．販売担当者が利用する機能はあるのかないのかが曖昧である．
- **R6**：「見積書を発行する都度」とは何か？　具体的なイベントが特定されていない．
  見積書について，シミュレート，作成，発行，送ることの相互関係が曖昧である．
  見積書を発行した記録とは何かが曖昧である．
- **R7**：キーボードからの入力を減らしたいとしているが，具体的な入力やイベントが明確ではない．
- **R8**：リンクを張るのは誰なのかが曖昧である．またシステムの動作プロセスとして実現するのか，それともリンク情報をシステムのコンテンツ（プロダクト）として埋め込んでおくのかが曖昧である．

（3）プロトタイピング

確認対象とする要求仕様を模擬的に実装した，実行可能なデモシステムをステークホルダに提示することにより，要求仕様の妥当性を確認する手

法である．プロトタイピングにより，ステークホルダのニーズが要求仕様
で記述されていることを，実際に動作するプロトタイプで実証的に確認で
きるという特徴がある．プロトタイプを実装するための開発経費が必要と
なるので，プロトタイピングによる確認範囲を限定すべきである．

（4）テスト項目作成

　要求段階で要求仕様からテスト項目を作成することで，要求仕様の情報
がテスト項目を作成するために完全であるかどうかを早期に評価できる．
　以下では，要求に基づくテスト項目の作成事例を紹介する．
　まず，要求仕様の記述に対して要求記述表を作成する．
　要求記述表では，主体，対象，条件，機能，制約を記述する．主体とし
て，要求をみたそうとするシステムを記述する．対象として，システムが
要求に従って操作する資源（データ，被制御装置など）を記述する．
条件部では，主体状態，対象状態，イベント条件，入力条件を記述する．
イベント条件では，機能を実行する契機となるイベントの内容とタイミン
グについての条件を記述する．
　機能部では，入力に基づいて出力を生成する機能の内容を記述する．
　制約部では，機能を実行する上での条件として，応答制約，出力制約，値
制約を記述する．イベント事象に対応する応答事象の内容とタイミングに
ついての制約条件が応答制約である．
　「ビデオ貸出機能」に対する要求仕様の記述例[9]を用いて説明する．

表6-6　ビデオ貸出機能の例

仕様 1-1	会員がビデオを借りる	
	仕様 1-1-1	会員がメニュー画面の[ビデオ貸し出し]リンクを押したときに開始する
	仕様 1-1-2	システムがビデオ貸し出し画面を表示する
	仕様 1-1-3	会員がレンタルしたいビデオを選択し，[次へ]ボタンを押下する
	仕様 1-1-4	システムが選択されたビデオの在庫の数を確認し，レンタル日数の入力画面を表示する
	仕様 1-1-5	会員がレンタル日数を入力し，[レンタルボタン]を押下する
	仕様 1-1-6	システムが配送システムに会員情報を送り，ビデオ配送を依頼し，会員にレンタル結果画面を表示する
	仕様 1-1-7	会員がレンタル結果画面を確認し，処理を終了する

　ビデオ貸出機能に対する要求記述表の例を表6-7に示す．表6-7では，表6-6の仕様1-1-3と1-1-4に対して示している．同様にして，仕様1-1-5，ならびに，仕様1-1-6，仕様1-1-7に対しても要求記述表を作成できる．ここで，利用者からのイベントに対してシステムが応答することを1つのまとまりとして要求記述表を作成していることを注意しておく．

表6-7　ビデオ貸出機能に対する要求記述表の例

要求仕様	会員がビデオを借りる[システムがレンタル日数の入力画面を表示する]			
契機		機能	応答	応答対象
会員がレンタルしたいビデオを選択し，[次へ]ボタンを押下する		[仕様1-1-3] 会員がレンタルしたいビデオを選択し，[次へ]ボタンを押下する *会員がビデオをレンタルできる資格があるか確認する？ 例：未返却ビデオの存在など？*	選択したビデオについて，レンタル日数の入力依頼	入力画面
入力対象	入力			
入力画面	会員が選択したレンタルしたいビデオ			
会員情報管理	会員情報 *レンタル可能なビデオ数？ レンタル可能条件？*	[仕様1-1-4] システムが選択されたビデオの在庫の数を確認し，レンタル日数の入力画面を表示する	出力	出力対象
ビデオ情報管理	ビデオの在庫数		*レンタル不可通知？ 在庫不足ビデオ通知？*	*通知画面？*

　表6-7の要求仕様の内容として，仕様1-1-2の応答に基づいて，「会員がビデオを借りる［システムがレンタル日数の入力画面を表示する］」とした．
　表6-7から，仕様上の不明点として以下の項目があることが分かる．

入力対象：

・入力画面では，会員が選択できるビデオの数の上限を定義する必要がある．
《選択可能なビデオ数》

・会員情報管理では，会員に対して許される
《レンタル可能なビデオ数》
《レンタル可能条件》
をどうするか定義する必要がある．

機能：

機能では，以下のように貸出条件を確認する必要がある．
《会員がビデオをレンタルできる資格があるか》

《未返却ビデオが何本までなら追加でレンタルできることにするか》

応答制約：

　応答では，どの時点で応答するかを定義する必要がある．また，会員が多数のビデオを選択した場合，提示する選択ビデオをどのように提示するか決める必要がある．

　《応答タイミング？》

出力対象：

　会員に対する通知メッセージを出力する対象として通知画面を定義する必要がある．

　《通知画面？》

出力：

　出力では，以下の項目についてどの画面に出力するか定義する必要がある．

　《レンタル不可通知？》

　《在庫不足ビデオ通知？》

　また，正常系のテスト項目だけでなく，異常系のテスト項目についても作成する必要がある．この理由は，入力データや入力イベントの例外に対して要求仕様が堅牢であることを確認する必要があるためである．

　要求逸脱分析表では，表6-8に示すように，要求仕様ごとに，パラメータ，ガイドワード，逸脱とその重大性を表形式で系統的に記述する．

表6-8　要求逸脱分析表

パラメータ	ガイドワード	逸脱/障害 (重大性)	異常系確認項目
システム 対象 イベント 入力 出力 機能 応答事象 RTM	なし 以外 部分 冗長 遅い 早い		

　パラメータには，要求記述項目に基づいて，システム，対象，イベント，入力，出力，機能，応答事象を記述する．パラメータの逸脱を分類するガイドワードとして，なし，以外，部分，冗長，遅い，早いなどを用いる．ここで，パラメータの逸脱に起因する影響の重大性を評価することによって，テスト項目を選択することができる点に留意してほしい．これによって重要性の高いテスト項目を優先して選択できる．

　ビデオ貸出機能に対する要求記述表に対して，要求逸脱を抽出すると表6-9のようになる．同表では，主体と対象について示した．同様にして，イベント，入力，機能，出力，応答についても要求逸脱を抽出できる．この逸脱項目が異常系テスト項目の候補になる．この表の「逸脱/障害（重大性）」の項目で，障害の重大性を評価することにより，テスト項目の中から重要な項目を選択する理由を説明できる．

表6-9　異常系テスト項目の候補例

パラメータ	ガイドワード	逸脱/障害（重大性）	異常系確認項目
システム	なし	起動不能/重大	システム起動確認
	以外	メニュ以外の画面が提示/表示異常	画面表示確認
	部分	メニュ画面の一部だけ提示/表示異常	画面表示確認
対象	なし	会員情報がない/重大	アクセス情報確認
	以外	他人の会員情報を提示される/重大	アクセス情報確認
	部分	ビデオ貸出画面の一部だけ提示/表示異常	画面表示確認
	冗長	余分な情報が提示/表示異常	画面表示確認

　要求逸脱分析表では，ガイドワードを用いて要求仕様の逸脱を網羅的に分析できる．これにより，未経験者でも経験者と同等の異常系テスト項目を系統的に抽出できることと，経験者が抽出していなかったテスト項目を抽出できることを明らかにした[10]．一方，提案した手法に従うと，大量の逸脱項目を抽出することになり，重要なテスト項目を適切に選択するという課題がある．このため，逸脱分析表では，逸脱項目の重大性を識別するための項目を定義している．

（5）保証ケース

　アシュアランスケース（Assurance case，保証ケース）を記述する手法では，直接的に主張を支持する証跡が見つかるまで，確認すべき主張を階層的に展開していく．非機能要求を記述する手法としてNFRフレームワークでも，保証ケースと同じように達成すべき非機能要求をソフトゴールとして階層的に分解していき，ゴールが達成される根拠を記述することができる[11]．

　ISO/IEC 15026[12]では，保証ケースの構造と内容に対する最低限の要求を規定している．保証ケースの内容は，次の4つである．

・システムや製品の性質に対する主張（claim）
・主張に対する系統的な議論（argumentation）
・この議論を裏付ける証拠（evidence）
・明示的な前提（explicit assumption）

　ISO/IEC 15026[13]では，議論の過程で，補助的な主張を用いることにより，最上位の主張に対して下位の主張や前提を階層的に構成する．
　欧州を中心としてシステムが重要安全性を満足することを示すために保証ケースが使用されている．この保証ケースを記述するための表記法として，欧州では英国のヨーク大学でKellyによるGSN（Goal Structuring Notation）[14]と英国のImperial College of LondonのBloomfieldによるCAE（Claim Argument Evidence）[15]が使用されている．保証ケースは，自動車関連の機能安全規格ISO 26262[16]で安全性を保証するために必要な文書として推奨されている．ISO 26262のパート10では，機能安全についてのガイドラインを解説している．このガイドラインの5.3節の題目は「安全性ケース（Safety Case）について理解する」となっていて，安全性ケースについて紹介している．安全性ケースは，安全性について論証するための保証ケースである．

GSNの構成要素に対する図式表現の例を表6-10に示す.

表6-10　GSNの構成要素

名称	図式要素	説明
ゴール		システムが達成すべき性質を示す. 下位ゴールや戦略に分解される
戦略	〜 による論証	ゴールの達成を導くために必要となる論証を示す. 下位ゴールや下位戦略に分解される.
コンテクスト		ゴールや戦略が必要となる理由としての外部情報を示す
未展開 要素	◇	まだ具体化できていないゴールや戦略を示す
ソリューション	○	ゴールや戦略が達成できることを示す証跡

【ゴール（主張）】

　　ゴールはシステムが達成すべき性質を持つことを表す命題である. ゴールは下位ゴールや戦略に階層的に分解される. なお最上位のゴールは通常は1個である.

【戦略】

　　戦略はゴールの達成を導くために必要となる論証を示す. 下位ゴールや下位戦略に分解される.

【コンテクスト（前提）】

　　コンテクストはゴールや戦略が必要となる理由としての外部情報を示す.ゴールや戦略に対してコンテクストを関係付ける. コンテクストが他のコンテクストと関係を持つことはない.

【ソリューション（証跡）】

　　ソリューションはゴールや戦略が達成できることを示す証跡である. ソリューションはそれ以上分解されることはない. また複数のゴールや戦略に対して1個のソリューションが対応することもある.

【未定要素】

　　未展開要素はまだ具体化できていないゴールや戦略を示す.

　保証ケースを作成する場合，合意記述の前提や説明対象，証拠を明らか
にする必要がある．これらは保証ケースの外部にあって，保証ケースで引
用される文書である．前提境界はこれらの範囲を限定する．合意記述境界
は保証ケースとこの範囲の境界を定義する．保証ケースでは，合意記述の
前提や説明対象はコンテクストで参照する．また，証拠となる文書は最下
位の主張を説明する証拠で用いられる．

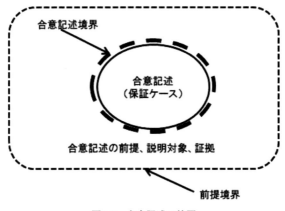

図6-3　合意記述の範囲

　保証ケースを作成する場合，合意基準に基づいて，説明対象が合意基準
を満足することを証拠によって説明する．したがって，合意基準と説明対
象がまず明らかでなければ，保証ケースを作成することができない．たと
えば，システムが安全であることを説明する場合，安全要求とは何かが明
確になっていなければ，説明できない．また，説明対象システムの構造が
明らかになっていなければ具体的に説明を保証ケースによって分解できな
い．中身が複雑でどうなっているかわからないようなブラックボックス化
したシステムの場合，安全であることを保証ケースで論理的に確認するこ
とは不可能である．

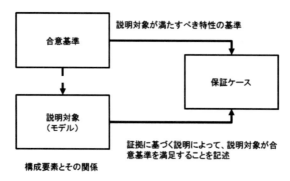

図6-4　保証ケースと合意基準，説明対象の関係

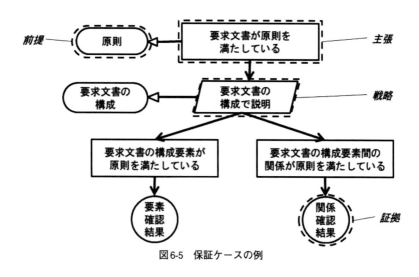

図6-5　保証ケースの例

　また，GSNに対して文章を作成すると以下のようになる．ここで，G1，G2，G3はゴール，S1は戦略，C1，C2はコンテクスト，Sn1，Sn2は証拠である．

　したがって，GSNのような図式を作成しなくても，階層的な文章で保証ケースを容易に作成できる．同様に表形式で保証ケースを記述する方法も簡単に構成できる．

```
G1  要求が原則を満たしている
  S1  要求文書の構成で説明
    G2  要求文書の構成要素が原則を満たしている
        Sn1  要素確認結果
    G3  要求文書の構成要素間の関係が原則を満たしている
        Sn1  関係確認結果
    C2  要求文書の構成
C1  原則
```

6.6　要求確認能力

　Pohlは，最小，標準，発展からなる3段階の妥当性確認についての能力成熟度モデルを説明している[17]．この成熟度モデルでは，各水準に対して，①コンテクストの考慮 (4)，②内容次元 (8)，③文書化次元 (4)，④合意次元 (4) と活動実行 (5)，合計25項目のどの項目を満たすべきかを定義している．

　Wiegersは，現状の要求プラクティスを診断するために，20個の問題を提示している[18]．この問題は4択形式で回答するようになっており，現状の要求活動の課題を識別して対応する要求知識を探索できるように技術的な設問を定義している．

　SW-CMMでは，ソフトウェアプロセス能力の中で，KPA (Key Process Area) として，要求管理 (Requirements management) を挙げている．また，CMMI-SE/SW では，要求管理に加えて要求開発 (Requirements Development) を挙げている[19]．

　本書では，第7章1節 (2) で要求管理の成熟度について言及している．また，付録4でも，要求仕様化能力評価指標を説明している．

6.7　まとめ

　本章では，要求確認について，合意形成，要求確認原則，要求品質基準，

要求確認手法，要求確認能力を紹介した．

（1）要求の合意形成では，適切なステークホルダと要求についての共通理解を確立する必要がある．
（2）要求確認原則は，要求確認活動で担当者が遵守すべき原則である．
（3）要求品質基準には，文書品質基準，他の文書との相対的な関係基準，開発基準がある．
（4）要求確認手法には，優先順位付け，レビュー，プロトタイピング，テスト項目作成，保証ケースなどがある．
（5）要求確認能力を評価するための成熟度評価指標が定義されている．

第**7**章

要求管理

7.1　要求管理

　要求管理をビジネス要求の統合水準とIT要求の標準化水準の2つの次元で整理することを考える．ビジネス要求の統合水準は，部門内，部門横断的，全社的へと段階的に向上するだろう．一方，IT要求の標準化は，プロジェクト，プロダクト，ポートフォリオへと段階的に向上するだろう．このように考えると，要求管理を，図7-1に示すように，大きくは，独立型，垂直型，水平型，統一型に分類できるだろう[1]．

　独立型要求管理では，業務部門内に閉じて，プロジェクトごとに，IT要求が管理されている．

　垂直型要求管理では，業務部門内に閉じることなく全社的に，IT要求がプロジェクトごとに管理されている．水平型要求管理では，業務部門内に閉じて，複数のプロジェクトからなるプログラムやポートフォリオの下で，適切な優先順位に従って，IT要求が管理されている．統一型要求管理では，業務部門に閉じることなく全社的に，複数のプロジェクトからなるプログラムやポートフォリオの下で，適切な優先順位に従って，IT要求が管理されている．

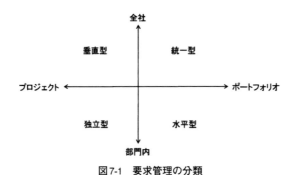

図7-1　要求管理の分類

　統一型要求管理が実現できていれば，全社的にビジネス要求が統合されていることと，ポートフォリオに従ってIT要求が標準化されていることから，前述した12個の要件定義の課題が解決されることは明らかである．

　次の課題は，どのようにして統一型要求管理を全社的に実現するかとい

うことになる．このためには，要求を全社的に統制する組織が必要になる．
そのような組織の例として，「要求管理委員会」を考えることができる．現
状の要求問題の多くは，要求が開発中はプロジェクトによって管理されて
いるが，プロジェクトが終わると同時に，管理されなくなってしまうこと
にある．また，プロジェクト横断的に要求がマネジメントされていないこ
とも問題である．さらに，要求を管理する方針がプロジェクトごとに判断
されていて，原則として明確になっていないことも問題である．以下では，
これらの問題に対処するための要求管理委員会について考えよう．

（1）要求管理委員会

要求を全社的に管理するためには，普遍的な要求管理原則が必要である．
要求管理委員会では，要求管理原則に基づいて，妥当な要求を選択するた
めの評価基準を定める．評価基準に従って，次のような項目が要求管理委
員会で判断される．

・システム要求は経営目標を達成するための業務要求に対応すること
・要求を実現するためのシステム開発工数が妥当であること
・適切な品質であること
・明示された非機能要求を達成すること

　また，ステークホルダとして経営層，業務部門，システム部門，ベンダ
が要求管理委員会に参画することにより，要求について合意を形成すると
ともに，それぞれの役割に応じて要求に対する責任を分担する．
　再構築要求についても，同様にして要求管理委員会で確認することがで
きる．システム要求を現行開発だけでなく，将来開発に備えて継続的に管
理することにより，現行資産の活用を容易化できる．再構築では要求とし
ての再構築テーマを実現する再構築プロセスを適切な再構築手法に従って
実施する必要がある．このため再構築計画で予期されるリスクに対応でき
ていることなどについても，再構築要求の実現性が要求管理委員会で判断
されるべきである．

　このように，要求管理委員会の機能は，ソリューション要求だけでなく，全社経営に係わる多様な要求を原則に従って継続的に扱うことができる点に特徴がある．この考察をまとめると，全社視点の要求管理を，図7-2に示すように位置づけることができる[1,2]．図7-2では，全社的要求管理をITシステム開発の中に位置づけるのではなく，ビジネス戦略，ビジネスオペレーション，エンタープライズ・アーキテクチャの中核要素として位置づけた点に意義がある．IT要求だけでなく，アーキテクチャ要求も扱うことを注意しておく．アーキテクチャ要求には，ビジネス要求，アプリケーション要求，テクノロジー要求が含まれる．また，すでに述べたように，全社的要求では統一型要求管理を目指すことから，統合化や標準化についての要求も扱う必要がある．また，この図ではビジネスオペレーション，エンタープライズ・アーキテクチャ開発から，要求の状況・発展（進化）が全社的要求管理にフィードバックされていることに注目してほしい．このフィードバックによって，要求の継続的な発展を実現できる．

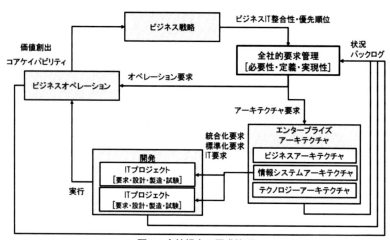

図7-2 全社視点の要求管理

　要求管理委員会と関連する概念をまとめると，図7-3のような要求管理参照モデルになる．

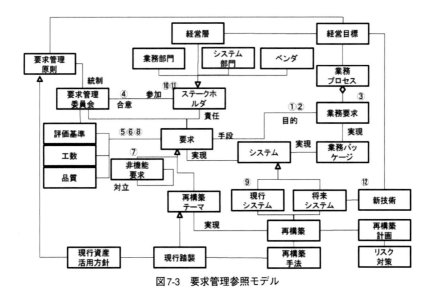

図7-3　要求管理参照モデル

　図7-3では，以下に示す要件定義ガイド[3]で提示されている次の12課題に対応する番号を関連する箇所に明記した．

【要求定義の課題】

①ビジネス目的と施策が合致していない

②手段が先行し，「何のために」が理解できていない

③業務の複雑さが増している

④合意形成が取れていない

⑤膨らむ要求を抑えきれない

⑥要件定義書の不備が多い（抜け，漏れ，曖昧，不完全，不整合などへの対策が不十分）

⑦非機能要件を決めきれない

⑧要件定義の記述の粒度や深さの基準が不明，内容の評価ができない

⑨As-Is分析，To-Beの可視化が不十分

⑩業務部門の参画，理解が不十分

⑪システム部門が要件を引き出せない

⑫新技術，新環境への対応が不十分

　たとえば，課題①②については，業務要求と要求の関係を明確にすることで対処できる．また，課題③については，業務プロセスと業務の関係を整理することで対処できる．さらに，課題⑫については，新技術を経営目標と対応付けることで，デジタルトランスフォーメーションのような，革新的技術に支えられた新たな業務プロセスの創出を管理できる可能性がある．

　このように，要求管理委員会の機能は，ソリューション要求だけでなく，全社経営に係わる多様要求を原則に従って継続的に扱うことができる点に特徴がある．

（2）要求管理の成熟度

　ソフトウェア開発プロセスには，ハンフリーの成熟度モデルCMM（Capability Maturity Model）があるが，要求工学についてはどうなるだろう．Heumannによる要求管理の成熟度では要求の情報構造に着目して次のような5段階の要求の成熟レベルを定義している[4]．

- ・レベル1：要求が文書化されている．[H1]
- ・レベル2：要求が定型化，版管理されている．[H2]
- ・レベル3：要求が構造化されている．機能要求と非機能要求の分類だけでなく，要求属性が管理されている．[H3]
- ・レベル4：要求が追跡可能な形で管理されている．[H4]
- ・レベル5：要求が設計，変更管理，試験，プロジェクト管理で利用できるように，要求管理が他のソフトウェア開発環境と統合されている．[H5]

　この要求管理成熟度モデルでは静的な情報構造は定義しているが，ソフトウェア開発プロセスの観点から見ると，要求管理のプロセスとしての動的な側面は規定できていない．これに対して，Linscomb[5]は要求工学の成熟レベルの高さを判定するプロセス面での条件として，以下を示している．

[L1] 複数の利害関係者の合意を得た上で要求を文書化している.

[L2] 多様な要求抽出獲得技術に習熟しプロジェクトや利害関係者の実態に応じて活用している.

[L3] プロジェクトのライフサイクルを通して承認された最新の要求をリポジトリで管理している.

[L4] 要求変更管理プロセスを定義し，一貫して利用している.

[L5] 要求追跡マトリクスを定義・管理できる.

しかし，これらの条件では成熟した要求管理プロセスが持つべき性質を定義しているだけで，要求管理プロセスを継続的に改善するという視点が考慮されていない．したがって要求管理プロセスの発達段階として，次の3段階があると考えるのがいいのではないだろうか.

・段階1：要求情報を管理する．[H1-H5]
・段階2：要求作成プロセスを定義する．[L1-L5]
・段階3：要求作成プロセスを継続的に改善する.

それでは要求作成プロセスをどのようにすれば継続的に改善できるのだろうか？　それにはまず，要求作成プロセスを可視化することが必要だ.

これらの要求管理成熟度は，プロジェクトに閉じたものだ．そこで，表7-1のように，要求管理が扱う範囲（プロジェクト，プログラム，ポートフォリオ）に従って，成熟度を定義することができる.

表7-1　要求管理の成熟度

成熟度	説明	範囲
5	技術・事業変化に応じて要求を最適化している	ポートフォリオ
4	経営戦略と関係づけて要求を管理している	ポートフォリオ／プログラム
3	業務と関係づけて要求を管理している	プロジェクト
2	開発情報と関係づけて要求を管理している	プロジェクト
1	要求を管理している	プロジェクト
0	要求を管理していない	プロジェクト

　要求仕様化能力についての成熟度モデルを付録4で紹介している．要求管理面の成熟度モデルと組合せることができると思われる．同様にして，要求分析能力および要求確認能力についても評価指標を構成することができる．今後の研究が待たれる．

7.2　要求変化

（1）ソフトウェアの分類

　Lehmanはソフトウェアやシステムを次のような3つの型に分類した[6]．

◆S型

　問題とその解となる仕様（Specification）を形式的に定義できるソフトウェア．たとえば最小公倍数を求める問題は数学的に定義できる．

◆P型

　問題（Problem）は明確に定義できるが，近似解としての仕様しか定義できないようなソフトウェア．たとえば将棋や天気予報などは，完全なアルゴリズムを定義することはできず，改良が続いていく．

◆E型

　人間活動システムに組み込まれ（Embedded），その一部として機能するソフトウェア．

　たとえば，ビジネス情報システムなどは運用環境に埋め込まれるので，人間行動の変化によって前提条件となる問題が変化してしまう．ビジネス環境の中での人間行動が対象とする前提条件が情報システムとの間に関係があること，したがって，前提条件が変化することで，情報システムにも変化が求められるという追跡関係がある．つまり，情報システムには環境や人間行動についての前提条件が埋め込まれている点に注意する必要がある．

　このように，ビジネス環境に組み込まれるので，ステークホルダ要求，システム要求，ソフトウェア要求は変化を前提にする必要がある．

　ITによるビジネス・イノベーションを考える上では，現実世界のビジネスでITが運用されることで獲得される運用情報やITを運用する社員の声，ビジネスを利用する顧客の声から，システム環境の変化の兆候と，想定していたビジネス・ゴールとを比較することが重要になる．

　また，システム開発リスクやシステム運用リスクはE型システムの要求変化がもたらすものであり，要求変化が発生することを前提に考える必要があるだけでなく，要求変化を新たなビジネス機会として積極的に捉えることができればビジネス・イノベーションを生むことができる．

（2）要求変化の種類

　システムには，動作する環境と，達成しようとする目的がある．そこで環境と目的という2つの視点から要求変化を分類すると，①修正（correction），②改良（amelioration），③適応（adaption），④変革（deconstruction）になる（図7-4）．

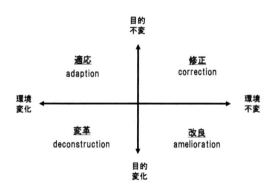

図7-4　要求変化の分類

◆修正

　目的も環境も変化しないときに発生する要求変更が修正である．この場

合，目的と環境に適合しない要求は，目的と環境に適合する要求に変更する必要がある．

◆改良

　環境は変化しないが目的が変化するときに発生する要求変更が改良である．この場合，現行の環境で新しい目的を達成するように，目的に関係する要求を変更する必要がある．

◆適応

　目的は変化しないが，環境が変化したときに発生する要求変更が適応である．この場合，環境に依存する要求は，新しい環境で目的に適応する要求に変更する必要がある．

　システムを利用する人の状況は個人ごとに異なる．そうすると，システムがある人にとっては使いやすいが別の人には使いにくいという状況が発生する．ユーザインタフェースはできるだけ幅広い人に使いやすいように適応することが求められる．

◆変革

　目的も環境も変化したときに発生する要求変更が変革である．この場合，目的と環境に関係する要求を変更する必要がある．おそらく目的と環境に関係しない要求はほとんどないだろうから変革の場合は要求を全面的に見直すことになるだろう．

【要求変更の例】

　要求記述表の要素について，ある金融システムの要求変更表約300件を分類したところ，図7-5のようになった[7]．

　要求変更に対応するためには，要求を適切に記述しておくことが重要である．変更が多い要求に焦点を当てたレビューを実施することで，対応する要求変更を早期に検出して抑制できる可能性がある．

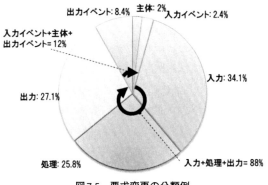

入カイベント: 8.4%　主体: 2%　入カイベント: 2.4%

入カイベント+主体+
出カイベント= 12%

入力: 34.1%

出力: 27.1%

処理: 25.8%　入力+処理+出力= 88%

図7-5　要求変更の分類例

（3）要求変化の構造分析

　図7-6を用いて，環境と要求の相互作用関係の観点から要求変化の構造を分析しよう．

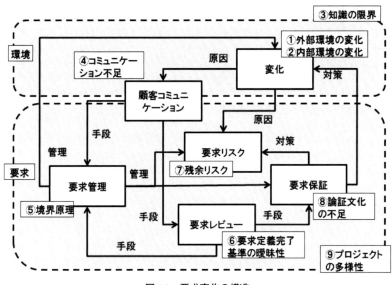

図7-6　要求変化の構造

　まず，外部環境と内部環境が変化することを避けることはできない（①

②）．人間の知識には限界がある（③）から，これらの変化を予め知ることはできない．また，この変化をステークホルダ要求として抽出するためには，顧客コミュニケーションが必要である．ところが顧客とのコミュニケーションが十分でないとすべての要求変化を抽出できない（④）．

　抽出した要求もシステムとして実現されるので，人工物としての境界がある．人工物の境界には前提となる事項が逸脱する可能性がある．このような前提条件が逸脱すると要求の境界が変化するので，要求の変化が発生する（⑤）．要求レビューで要求定義の完了基準が明確でないと，要求が修正される可能性が高くなる（⑥）．期間と予算の制約から，すべての要求リスクを解消できないことから，対処できない残余リスクがシステム運用後に将来の要求変化の要因になる可能性がある（⑦）．また，要求レビューの結果を保証する文書化が客観的に作成されていないと，適切に論証されていない可能性がある．このため不適切な要求が見逃されることになり，将来の要求変更の対象になる可能性が高い（⑧）．また，これらの多様な能力をすべて具備できるプロジェクトは稀であることが，新たな要求変化を発生させる可能性を生むことになる（⑨）．

7.3　要求属性 (EU8.1)

　システムライフサイクル全体でシステム要求を管理するためには，できるだけ構造化された方法で属性としての要求情報を集める必要がある．要求に対する属性構造は，表形式もしくは情報モデルの形式で属性スキーマによって定義される．

　要求属性は要求を管理するための情報項目である．たとえば，次に示すような情報を管理する．

・**識別番号（識別子）**：要求を一意に識別するための番号．要求を識別するために，要求仕様書の章節番号を利用することもできる．しかし，この方法だと，仕様書の作成過程で構成が頻繁に変更されたりするときに

は，識別番号も影響を受けてしまうという問題もある．ソフトウェア開発を管理する上でも，開発工程全般にわたって，要求の識別番号が変化しないような命名規則を定義しておくことは重要である．

・**日付**：作業開始日・終了日．

・**要求理由**：要求がなぜ必要となるかを示す理由や根拠を明確にする．また要求が前提として想定する仮定を記録する．これにより要求が前提としている環境などの根拠が変化したときに，影響を受ける要求の特定を容易化できる．

・**分析内容**：要求の分析内容，経費・期間などを明確にする．

・**利害関係者**：要求の依頼元を明らかにする．

・**分析状況**：要求に対する検討状況を記述する．たとえば，分析中・保留中・確認中・修正中・確認済みなどの状態が考えられる．これらの要求の状態は要求の作成・変更管理プロセスに応じて決める必要がある．

・**責任者**：要求に対する責任部門を明確にする．

・**安定性**：要求が確定しているか，将来変化する可能性があるかを明示することにより，要求変更時の影響範囲の追跡を容易化できる．

・**サブシステム**：要求を実現するサブシステム．

・**版**：要求を実現するシステム製品の版番号．

・**優先順位**：要求の優先順位．

・**関連要求**：要求変更に関連する要求．

・**備考**：要求変更に関する上記以外の参考情報．

　IREB 基礎レベルでは，以下の属性種別を典型的であるとしている．

・識別子
・名前
・説明
・情報源
・安定性
・重要性
・優先度

　要求が準拠する法的責務も付加的な要求情報として，属性として保存できる．

　指定された条件の下で特定のプロジェクトに対して属性スキーマが定義され，適合される．以下の項目が含まれる．

・プロジェクトの特性
・組織の制約
・ドメイン規則
・開発プロセスの制約

7.4　要求変更管理 (EU8.6)

（1）要求構成管理

　要求変更の必然性を認識することと変更による影響範囲を緩和することが重要であることから，ISO/IEC/IEEE 29148では，要求追跡と要求構成管理を用いて，提案された要求変更に対する影響評価，レビュー，承認プロセスを確立する必要があるとしている．

　要求変更管理では，プロジェクトにおける構成管理手続きに従って，要求変更レベルに応じて必要となる承認権限者と要求のベースラインを定義する．要求変更管理の対象となるベースラインとして，機能（functional），配置（allocated），開発（developmental），製品（product）がある．これらのベースラインに対する要求は，機能要求，設計に配置された要求，開発された要求，製品化された要求となるから，要求変更管理プロセスは上流だけでなくライフサイクル全体を対象とすべきであることが分かる．ここで，運用中の要求は，製品化された要求に対応している．

　また，要求追跡表（Requirements Traceability Matrix, RTM）を用いることによって変更要求に対する影響評価を容易化するとともに，要求変更が承認された場合，RTMを適切に更新しておく必要がある．

（2）要求状態変更管理プロセス

　システム要求には，図7-7に示すような4つの基本的な状態がある[8]．まずシステム要求が抽出されると，ステークホルダによって合意される．合意された要求が実装されると通常運用される．合意されない要求は削除される．

　要求が通常運用されると，目的変化・環境変化によって新たな要求が抽出されるか，当初想定した要求が通常運用範囲を逸脱する．通常運用範囲を逸脱した要求は原因分析される．逸脱した要求が迅速対応されると，通常運用に戻る．一方，通常運用に復帰できない要求には，要求に対する実装が誤っているかどうかによって2つの場合がある．もし要求に対する実装が誤っていれば，要求の合意状態に遷移して，要求を再実装する．もし要求に対する実装が誤っていなくて逸脱したのだとすると，要求を修正することにより新たな要求として抽出する．

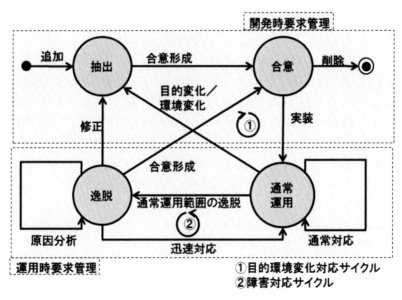

図7-7　要求状態管理プロセス

　この要求状態管理プロセスには，開発時と運用時の要求マネジメントが

ある．要求の抽出状態と合意状態は開発時の要求マネジメントの対象である．これに対して，通常運用と逸脱状態の要求は，運用時の要求管理の対象である．

　従来の要求変更管理プロセスでは，開発時の要求管理プロセスしか考慮していなかった．したがって，要求状態管理プロセスが示すような運用時を含めた要求管理が必要である．

（3）要求の構成

　上述したことから，要求変化を要求と仕様だけではなく，ビジネス環境と運用も含めて考えることが重要である．ということは，環境面，運用面，要求面を整理しておくことで，変化に柔軟に対応できるように要求を構成できる可能性があるということになる．

　そこで，ビジネス，システム，ソフトウェア，運用の観点から，要求を構成する方法を表7-2にまとめた．

　表7-2の各列には，①データ，②機能，③振舞，④アクター，⑤非機能が対応している．また，各行には，階層として，①ビジネス，②システム，③ソフトウェア，④運用が対応している．

　なお，この表はあくまでも例であり，適切な要求の構成法を考案することができる．ポイントは，ビジネス環境，システム，ソフトウェア，運用と，要求種別（機能要求と非機能要求）という変化の観点ごとに要求を再構成するということである．このように，要求変化の分類に基づいて要求を構成できれば，要求変化に対応する箇所を変更することが容易になる．なお，この表ではISO/IEC/IEEE 29148の要求仕様の内容を参考にした．

　この点では，要求変化の分類条件を要求構成表が既定しているので，この分類基準に合わない分野のシステムにはうまく適用できないという限界もある．しかしシステム開発のほとんどが改造であることを考えれば，要求変化をある程度分類できることも明らかである．したがって，このような方法を適用する価値があると思われる．

表7-2　要求の階層構成

階層	データ	機能	振舞	アクター	非機能
ビジネス	ビジネスデータ	ビジネス機能	ビジネスモデル ビジネスプロセス	事業アクター	ビジネスゴール ビジネス範囲 法制度
システム	システムデータ	システム機能	システムプロセス	システムユーザ特性	システムの目的 システム性能 システム品質 法制度
ソフトウェア	ソフトウェアデータ	ソフトウェア機能	ソフトウェアプロセス	ソフトウェアユーザ特性	ソフトウェアの目的 操作性 性能
運用	運用データ	運用機能	運用シナリオ	運用アクター	運用規則 運用制約 運用品質

　要求の構成要素が変化した場合，対応する要素を含む要求と，その要求に含まれる他の要求構成要素を特定することにより，要求変更の影響範囲を分析できる.

（4）要求追跡

　Davisは，要求仕様と設計仕様などの下流生産物に対して，4つの要求追跡性として，Forward-to R, Forward-from R, Backward-from R, Backward-to Rを定義している[9]. 図7-8では，ステークホルダ要求仕様，システム要求仕様，ソフトウェア要求仕様と，設計仕様について，上位要求から下位要求への前方追跡性Forward-to in Rと下位要求から上位要求への後方追跡性Forward-from in Rを追加して6種類の追跡性を例示している.

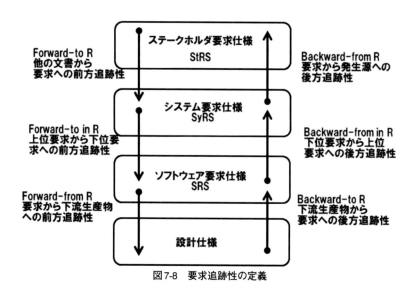

図7-8　要求追跡性の定義

・**Forward-to R**：要求に先行する他の文書から要求への前方追跡性．たとえば，ビジネス要求からソフトウェア要求仕様への追跡性がある．前方追跡性により，注目している上流要求が下流要求によって実現されることを探索できる．

・**Forward-to in R**：上位要求から下位要求への前方追跡性．

・**Backward-from in R**：下位要求から上位要求への後方追跡性

・**Forward-from R**：要求から下流生産物への前方追跡性．たとえば，ソフトウェア要求仕様から設計仕様への追跡性がある．前方追跡性により，注目している要求の実現性を探索できる．

・**Backward-from R**：要求から発生源への後方追跡性．この関係はForward-to Rの逆関係である．後方追跡性により,注目している要求の根拠を探索できる．

・**Backward-to R**：下流生産物から要求への後方追跡性．この関係はForward-from Rの逆関係である．後方追跡性により,注目している下流生産物の根拠となる要求を探索できる．

7.5 まとめ

本章では要求管理について説明した.

（1）要求管理のスコープ
（2）要求変化
（3）要求属性
（4）要求変更管理

要求が適切に管理されていないと，現行システムの要求が消失してしまうことになる．日本では，「現行踏襲」という4文字仕様が蔓延している．現行システムは稼動しているが，その仕様が分からないということが散見される．この理由は，日本では，ユーザ企業がベンダにシステム開発を丸投げしており，ユーザ企業が責任を持って要求仕様を管理していないこと[10]と，システム開発が終わると要求仕様を誰も管理しなくなるためである．要求管理のスコープで述べたように，システムの開発時だけでなく運用中も要求を適切に変更管理する要求管理委員会が必要である．

第 **8** 章

モデリング技法

8.1　概要

本章では，以下に示す代表的なモデリング技法の記述例を説明する．

（1）課題分析表
（2）ゴールモデル
（3）BMC
（4）BPMN
（5）ArchiMate
（6）実体関連図
（7）クラス図
（8）データフロー図
（9）ユースケース図
（10）アクティビティ図
（11）状態図
（12）シーケンス図

（1）～（5）がビジネス面に対する分析手法である．（6）（7）がデータ側面の分析手法である．（8）（9）が機能的側面の分析手法である．（10）～（12）が振舞い側面の分析手法である．なお，以下の説明では，付録1に示した事例を対象として分析する．

8.2　課題分析表

課題分析表では，ステークホルダの関心事について，その問題状況を識別するとともに，問題の原因分析に基づいて，あるべき姿を実現するための，解決策を対応付けて表形式で文書化することができる．
課題分析表の構成は表8-1に示すようになる．
付録に示した事例「救急時対応サービス」に対する課題分析表の例を表

8-1 に示す.

表8-1 課題分析例

項目	内容
関心事	医療や介護
問題状況	世界的にも例のない超高齢社会を迎え,特に独居や高齢者のみの世帯が急増しており,医療や介護に不安をもたれる方が急激に増えている
原因分析	救急時に,いつでも(24時間)・どこでも(家庭内・屋外),救急通報ができない
あるべき姿	高齢者の「安全・安心」
解決策	B社の持つ介護ノウハウとネットワーク,A社のセキュリティ,在宅医療,介護施設,病院運営支援などで培ったノウハウを活用する救急・介護を一体化した,高齢者向けの「救急時対応サービス」を提供する

8.3 ゴールモデル

付録1に示した事例「救急時対応サービス」に対するAND/OR分析の例を図8-1に示す.

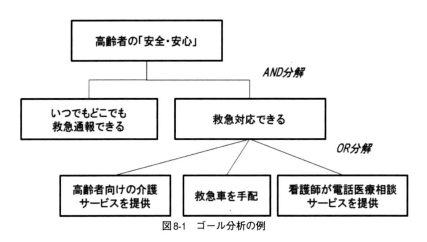

図8-1　ゴール分析の例

8.4　BMC

　付録1に示した事例「救急時対応サービス」に対するBMCによる分析例
を図8-2に示す.

主要パートナー	主要活動	顧客価値	顧客関係	顧客セグメント
介護サービス事業者 （B社） 消防署(119番) 救急病院 携帯端末事業者	救急時対応サービス 駆け付け対応 医療電話相談	いつでもどこでも 救急通報できる 高齢者の「安全・ 安心」	救急時対応	高齢者
	主要資産		**販売経路**	
	管制オペレータ 緊急対処員 ナースセンタ看護師		ホームセキュリティサービス のオプション 自治体・法人向けサービス	
経費構造			**収益連鎖**	
ネット応対システム開発・運用・保守経費 データセンター経費 緊急対処員の訓練・応対経費 ナースセンタ看護師の電話相談経費			サービス利用料金	

図8-2　BMCによる「救急時対応サービス」の分析例

8.5　BPMN

　付録1に示した事例「救急時対応サービス」に対するBPMNによる分析
例を図8-3に示す.

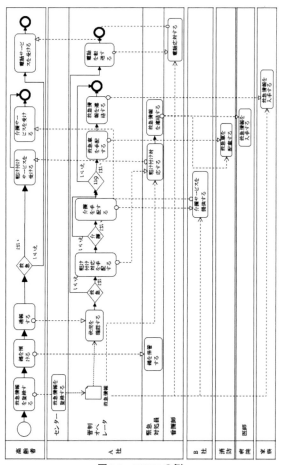

図8-3　BPMN の例

8.6　ArchiMate

　付録1の文章から作成した動機分析（モチベーション）結果を図8-4に
示す.

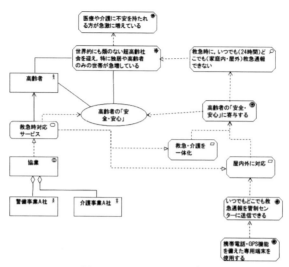

図8-4 モチベーションモデル

　次に，付録1の文章から，主体の活動が分かるように，基本的な文を抽出することにより，以下に示すように，【主体】，＜活動＞，[情報]，(サービス) を識別する．

① 【利用者】の [救急情報] を，【A社】に事前に＜登録する＞

② 【利用者】が【A社】に鍵を＜預ける＞

③ 【高齢者】が専用端末から【A社】の【センター】に＜通報する＞

④ 【A社】【管制オペレータ】が【利用者】の状況を＜確認する＞

⑤ 【管制オペレータ】が必要に応じて＜119番通報＞し，救急車を＜要請する＞

⑥救急時に，【利用者】からの＜要請＞に応じて，転倒対応の訓練を受けた【A社】の【緊急対処員】が鍵を持って＜駆けつけ対応する＞

⑦医療的な相談があれば【ナースセンター】に電話を＜転送する＞

⑧ 【A社】の【ナースセンター】の【看護師】が＜電話サポート＞を行う

⑨ [救急情報] を【救急隊員】が状況に応じて搬送先の【医師】に＜提供する＞

⑩ 【かかりつけ医】，【家族】に [救急情報] を＜連絡する＞

⑪より専門的な介護が必要な場合には，あらかじめ結ばれた契約をもとに，【B社】の【介護ヘルパー】に【A社】から＜訪問要請する＞

⑫【B社】が【利用者】に必要な（介護サービス）を＜提供する＞

　この分析に基づいて，ビジネスプロセスを作成すると，図8-5になる．図8-5では，アクター間の包含関係，ビジネスプロセス間の包含関係とトリガ関係，アクターとビジネスプロセスおよびサービスへの割り当て関係を追加している．

　なお，図8-5では，活動に対応するサービスとして「駆けつけ対応」「医療相談」「救急車の配車」を追加した．

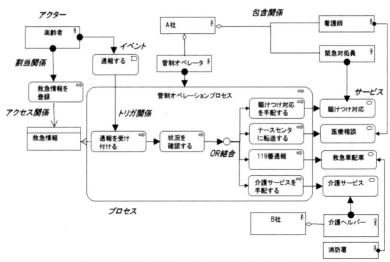

図8-5　救急時対応サービスのビジネスプロセス図

8.7　実体関連図

　付録1に示した事例「救急時対応サービス」に対する実体関連図による
分析例を図8-6に示す．実体型を矩形，関係型をひし形，属性を楕円で示
している．なお，同図では付録事例の主体と活動分析の①～⑥までを分析
している．手配関係と鍵の接続線が確認関係と管制オペレーターの接続線
と交差している点を注意しておく．

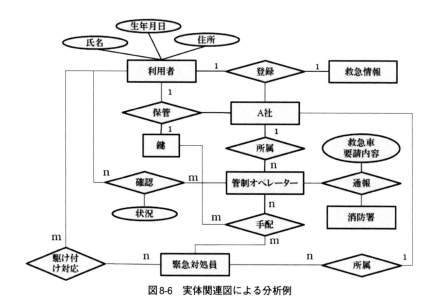

図8-6　実体関連図による分析例

8.8 クラス図

　付録1に示した事例「救急時対応サービス」に対するユースケース図による分析例を図8-7に示す.

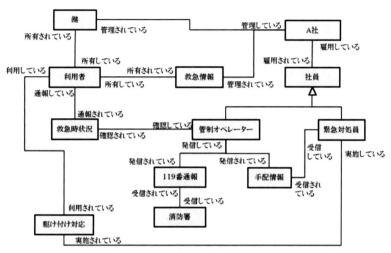

図8-7　クラス図による「救急時対応サービス」の分析例

8.9　データフロー図

　付録1に示した事例「救急時対応サービス」に対するコンテクスト図を図8-8に，データフロー図による分析例を図8-9に示す．

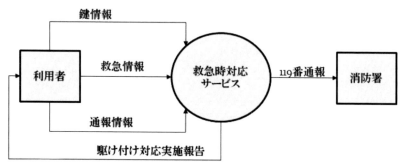

図8-8　コンテクスト図による「救急時対応サービス」の分析例

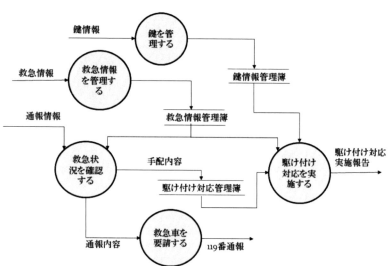

図8-9　データフロー図による「救急時対応サービス」の分析例

8.10　ユースケース

　付録1に示した事例「救急時対応サービス」に対するユースケース図による分析例を図8-10に示す.

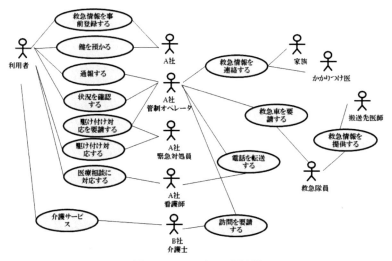

図8-10　ユースケース図の例

8.11　アクティビティ図

付録1に示した事例「救急時対応サービス」に対するアクティビティ図
による分析例を図8-11に示す.

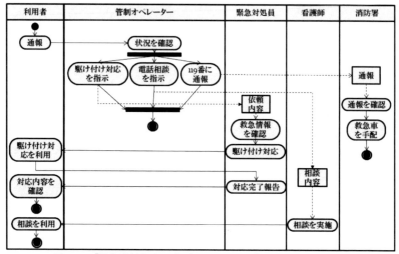

図8-11　「救急時対応サービス」のアクティビティ図による分析例

8.12　状態図

　状態図はアクティビティ図の一種である.

　付録1に示した事例「救急時対応サービス」に対する状態図による分析
例を図8-12に示す.

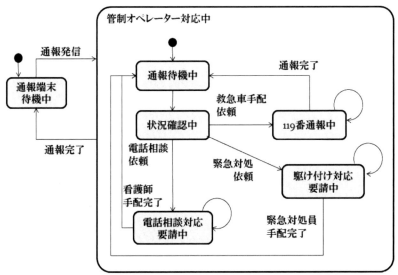

図8-12　「救急時対応サービス」に対する状態図による分析例

8.13　シーケンス図

　付録1に示した事例『救急時対応サービス』に対するシーケンス図による分析例を図8-13に示す.

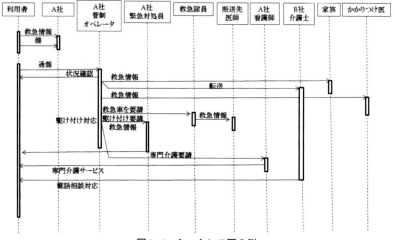

図8-13　シーケンス図の例

付録

付録1　事例「救急時対応サービス」

　警備事業会社A社は介護事業会社B社と協業し，日本初の屋，内外に対応する，救急・介護を一体化した，高齢者向けの「救急時対応サービス」のサービスを開始した．

　世界的にも例のない超高齢社会を迎え，特に独居や高齢者のみの世帯が急増しており，医療や介護に不安をもたれる方が急激に増えている．このためA社は，B社と協業し，B社の持つ介護ノウハウとネットワーク，A社のセキュリティ，在宅医療，介護施設，病院運営支援などで培ったノウハウを活用することで，喫緊の課題である高齢者の「安全・安心」に寄与する新サービスを開始した．

　屋内外に対応した救急時対応サービスでは，携帯電話・GPS機能・通報機能を備えた専用端末を使用することで，救急時に，いつでも（24時間）・どこでも（家庭内・屋外），救急通報を管制センターに送信できる．

　専用端末からA社のセンターに通報された場合，A社の管制オペレータが利用者の状況を確認することにより，必要に応じて救急車を手配する．位置情報検索で居場所を特定することができるため屋内でも屋外でも使用することができる．

　救急時に，利用者からの要請に応じて，鍵を持って駆けつけて転倒対応の訓練を受けたA社の緊急対処員が駆けつけ対応する．また，事前に登録された，利用者の救急情報をもとに，医療的な相談があればナースセンターに電話を転送し，A社のナースセンターの看護師による電話サポートを行い，必要に応じて119番通報し，救急車を要請する．

　なお，この事例は，資料[1,2]に基づいて著者が記述したものである．

（1）主体と活動の分析

　上述した事例の記述に基づいて，救急時対応サービスで必要となる主体（アクター）と活動を抽出すると以下のようになる．

①利用者の救急情報を，A社が事前に登録する

②利用者がA社に鍵を預ける
③高齢者が専用端末からA社のセンターに通報する
④A社の管制オペレータが利用者の状況を確認する
⑤管制オペレータが119番通報により，救急車を要請する
⑥救急時に，利用者からの要請に基づいて，転倒対応の訓練を受けたA社の緊急対処員が鍵を持って駆けつけ対応する
⑦医療的な相談がある場合，ナースセンターに電話を転送する
⑧A社のナースセンターの看護師が電話で医療相談をサポートする
⑨救急情報を救急隊員が搬送先の医師に提供する
⑩管制オペレータがかかりつけ医と家族に救急情報を連絡する
⑪専門的な介護が必要である場合，B社の介護ヘルパーにA社が訪問要請する
⑫B社が利用者に必要な介護サービスを提供する

　ここで，上述の主体活動を記述するために用いた文の基本構造は，以下の通りである．

　＜主体＞が＜目的＞を＜活動＞する
　＜主体＞が＜対象＞に＜目的＞を＜活動＞する
　＜対象＞が＜状態＞である場合，＜主体2＞が＜活動2＞する
　＜主体1＞が＜活動1＞することにより，＜主体2＞が＜活動2＞する

　主体活動文は要求テンプレートと類似していることが分かる．このような主体活動文をテンプレート化することにより，ステークホルダ要求を統一的に分析できる．

付録2　エンタープライズ・アーキテクチャ

　EAフレームワークの歴史的な発展を年代順に概観すると，付表2-1のようになる.

付表2-1　EAの発展

年代	ＥＡの時代	主要な成果	例
1980	黎明期	表による開発文書の分類法	Zachman
1990	プロセス期	ＥＡ方法論とモデル化手法	EAPM
2000	ビジネス整合期	ビジネスプロセスへの統合と標準化	EAAS
2010	ビジネス変革期	ビジネスを変革する反復的再利用手法	TOGAF

　ZachmanがZachmanフレームワークを提案したのは1987年である[1].
1980年代はEAにとって，黎明の時代だ．しかし，Zachmanが定義したのは，表による情報システム開発文書の分類法であって，どのようにEA文書を作成するのかという開発手順や開発生産物までは定義していなかった．また，体系的なEAモデルも存在していなかった.

　このため，1990年代になると，SpewarkによってEAPM（Enterprise Architecture Planning Method）が提案された[2-3]．EAPMでは，EA方法論とモデル化手法が提案された．とくに，ベースライン・アーキテクチャとターゲット・アーキテクチャを作成した後，ギャップを分析することにより移行アーキテクチャを実現するという，EAの基本プロセスが確立された．また，EAを作成する体制としてEAチームを明確化した．しかし，EAPMでは，ITシステムを開発することが目的であって，ITをビジネスに整合させることまでは対象ではなかった.

　2000年代になると，この整合性問題に対応するために，MITのRossらによってEAAS（Enterprise Architecture As Strategy）が提案された[4]．EAASでは，①OM（Operation Model），②Core Diagram（CD），③IT engagement model（ITEM）を作成する．OMでEAに対して，標準化と統合化の要求を明らかにする．CDでこの要求を満たすEAを作成して，IT局所ニーズと大域ニーズをITEMで均衡化することにより，整合性に対処している．しかし，EAASは戦略的な整合性を目的としていたため，

具体的なEAモデルについては考慮していないという問題があった.

　2010年代になると, IT技術が急速に社会に浸透するようになり, ビジネスプロセスと情報システム, IT基盤まで, 統一的に記述することが重要となってきた. このため, 目的に応じてテーラリングできるだけでなく, 拡張もできるEAフレームワークとしてTOGAF (The Open Group Architecture Framework) がオープングループによって進化してきた[5]. TOGAFの起源は, 1994年に着手されたDODによる最初のEAであるTAFIM (Technical Architecture Framework for Information Management) にある[6]が, 2003年のV8を経て, 2010年にはV9が発表された. また, EAモデル全体を対象とする統一的な図式言語として, ArchiMateが標準化されている. ArchiMateでは概念モデルだけでなく, 各階層で詳細なモデルを記述でき, 階層間の一貫性も記述できるという特徴を持つ.

　上述した, EAフレームワークを比較すると付表2-2のようになる[7].

　TOGAFアーキテクチャ開発工程には, ①準備, ②A.アーキテクチャ・ビジョン, ③B.ビジネス・アーキテクチャ, ④C.情報システム・アーキテクチャ, ⑤D.技術アーキテクチャ, ⑥E.ソリューション, ⑦F.移行計画, ⑧G.実装監督, ⑨H.アーキテクチャ変更管理, ⑩要求管理という10個の工程がある. 付図2-1では, フェーズ名の側にADMの各フェーズで用いられる主な技法を明記している.

付表2-2　EA フレームワークの概念比較

EA 概念	Zachman	EAPM	EAAS	TOGAF
出典	Zachman (1987)	Spewak (1992)	Ross 他 (2006)	TOG (2011)
階層	30 カテゴリ 5 パースペクティブ 6 疑問詞	BA, DA, AA, TA	BA,DA, AA, TA	Strategy, BA, DA, AA, TA, PA, TrA
モデル	-	カタログ, マトリクス, 図	OM (Operation Model), CoreDiagram(CD) IT engagement model	カタログ, マトリクス, 図, ArchiMate 言語 メタモデル
方法論	-	ベースライン/ターゲット・アーキテクチャを作成, 移行アーキテクチャを実現	OM で判断 CD を作成 局所ニーズと大域ニーズを均衡化	アーキテクチャ開発手法 反復サイクル
体制	-	EA チーム	EA チーム	EA チーム, EA 委員会
スコープ	-	広い	長期	深さ, 幅, 階層
ガバナンス	-	-	統合・標準化 ビジネス IT 整合化	EA ガバナンス コンプライアンス
ケイパビリティフレームワーク	-	-	アーキテクチャ成熟度	アーキテクチャ成熟度, ケイパビリティベース計画
参照モデル	-	-	-	技術参照モデル 統合情報基盤
再利用性	-	-	-	ビルディングブロック メタモデル
適応性	-	-	-	テーラリング
拡張性	-	-	-	フォーラム

（表注）BA:Business Architecture, DA:Data Architecture, AA:Application Architecture, TA:Technology Architecture, PA:Physical Architecture, TrA:Transition Architecture

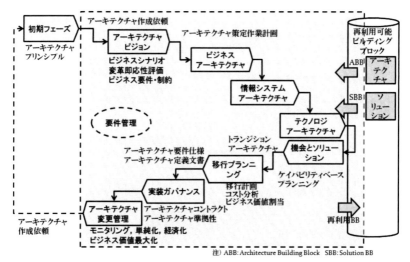

付図 2-1 ADM フェーズと技法の概要

付録3　ArchiMateの概要

　ArchiMate[1-3]の起源は2002年に始まったオランダの産官学連携プロジェクト ArchiMate ファウンデーションである．その後，このプロジェクトの成果がオープングループ（TOG, The Open Group）の ArchiMate フォーラムに引き継がれて2009年2月に ArchiMate1.0 として標準化され，2016年には最新版である ArchiMate3.0[4]が公開された．ArchiMate により，ビジネス・アーキテクチャ，情報システム・アーキテクチャ，テクノロジー・アーキテクチャを記述できる．ArchiMate3.0 に対応するフリーソフトには Archi[5]がある．

　ArchiMate には，能動構造要素，振舞要素，受動構造要素とモチベーションからなるアスペクトの概念がある（付表3-1）．能動構造要素が実行主体としての組織，人，システムなどに対応する．振舞要素が能動構造要素によって実施される活動単位に対応する．受動構造要素が振舞要素によって操作される情報，データや資源などに対応する．モチベーションでは，要

求に加えてゴールや価値などの非機能要素を記述できる.

付表3-1　ArchiMateのフレームワーク

		アスペクト			
		受動構造	振舞	能動構造	動機
層	戦略				
	ビジネス層				
	アプリケーション層				
	テクノロジー層				
	物理層				

　ArchiMateをビジネスモデルに適用した研究として以下の文献[6-9]がある.　文献6では,　Clayton Christensenらによるジョブ理論をArchiMateで図式化する手法MBJT（Model Based Jobs Theory）を提案している.　文献7では,　MBJTをヘルスケアビジネスに適用できることを明らかにしている.　文献8では,　ArchiMateによるEAモデルの可視化手法を調査している.　文献9では,　ArchiMateを用いたヘルスケアサービスの設計手法を提案している.

　ArchiMateでは,　EAの3階層アーキテクチャである,　BA,　AA,　TAごとに,　これらのアスペクト要素を定義できる.　動機要素にはゴールや要求を記述できるから,　アーキテクチャを顧客価値や要求と対応付けることができる.　この能力によって,　ArchiMateでは要求とITの整合性問題を解決できる.　したがって,　要求追跡表のような間接的な手段を持ち出すことなく,　図の上で直接的に要求とアーキテクチャの追跡関係を表現できるのである.

　また,　戦略要素と物理要素なども記述でき,　経営戦略からIoTやクラウドなどのテクノロジーならびに物流ネットワークまで幅広いシステムの記述が可能である.　このように,　アスペクトとアーキテクチャ階層によってArchiMateフレームワークが構成されている（付表3-1）.

　ArchiMateをUMLとSysMLと比較した結果を付表3-2に示す.　SysMLとUMLが,　それぞれ,　システムとソフトウェアのモデル化に利用される.

これに対して，ArchiMateはステークホルダ要求，システム要求，ソフト
ウェア要求のモデル化だけでなく，エンタープライズ・アーキテクチャの
モデル化に適用できるという特徴がある．

付表3-2　ArchiMate と UML，SysML

	UML	SysML	ArchiMate
対象	ソフトウェア	システム	エンタープライズアーキテクチャ
戦略	X	X	戦略要素（能力、資源、行動計画）
目的	X	要求図（要求）	動機要素（要求、ゴール、制約、価値など10種）
ビジネス	X	X	ビジネス要素（サービス、機能、プロセスなど9種）
組織	アクタ	同左	能動要素（アクタ、ロール、連携）
振舞い	ユースケース図	同左	振舞い要素 （APサービス、AP機能、APプロセス、APイベント、 APインタラクション）
	アクティビティ図	同左+機能フローブロック図	
	シーケンス図	同左	
	状態図	同左	X
構造	コンポジット構造図	内部ブロック定義図	能動要素 （APインタフェース、APコンポーネント、AP連携）
	パッケージ図	同左	
	クラス図	ブロック定義図	受動要素（データ、製品、契約、成果物）
	X	パラメトリック図	
技術	X	X	テクノロジー要素（ノード、デバイス、パスなど14種）
移行	X	X	実装・移行要素（作業パッケージ，ギャップなど5種）
物理	X	X	物理要素（設備、装置、物質）

付録4　要求仕様化能力評価指標

　要求仕様化能力の評価次元を，①要求ビジョン構築能力，②要求コミュ
ニケーション能力，③要求プロダクトデザイン能力，④要求プロセスデザ
イン能力，⑤要求投資能力，⑥要求人材開発能力とした[1-2]．この要求仕様
化能力の構成を付表4-1に示す．

付表4-1　要求仕様化能力の構成

	能力分類
1	要求ビジョン構築
2	要求コミュニケーション
3	要求プロダクトデザイン
4	要求プロセスデザイン
5	要求投資適正化
6	要求人材開発

　具体的な評価指標項目の内容を付表4-2に示す．この評価指標の項目数は全体で30個である．要求仕様化能力評価指標では，付表4-3に示すように，客観的な項目の評価段階を定義した．付表4-3では，証拠となる文書の有無によって水準を決定できるので，確認結果が主観に左右される可能性を排除できる．

　要求仕様化能力評価指標の特徴を列挙すると以下のようになる．

　（1）要求仕様化を改善しようとしている場面で，その組織の要求仕様化担当者が，必要な要求仕様化能力には何があり，どの能力を向上させることで，要求仕様化を成功させることができるかを知る上で役立つ．

　（2）新システムの要求仕様を開発しようとしている担当者に対して，自組織の要求仕様化能力を客観的に測定して，円滑な要求仕様化活動を促進する上で，具体的な改善すべき能力を明らかにできる点で役立つ．たとえば，指標を用いたヒヤリングの実施により企業の要求仕様化能力を客観的に評価することができる．

　（3）要求工学手法には，要求成果物としてのプロダクトのモデリングと要求プロセスのモデリングがある．本指標をこれらの手法と組み合わせて用いることができる．たとえば，組織が使用している要求工学手法に対して，要求仕様化能力を評価することで，既存手法の課題と改善点を摘出できる．

　たとえば，既存の要求プロダクトや要求プロセスの品質と，指標値との関係について明らかにすることができれば，これらの手法を改善できる．逆に，これらの手法を改善するために，評価項目を適応することも考えられる．たとえば，既存手法の改善に特化した項目だけを選択して，組織能

力を評価できる.

　（4）本指標を 6 次元で構成したが，新しい次元を追加することもできる. また，各次元の確認項目を追加することもできる. 用途に応じて拡張すべきである.

付表 4-2　要求仕様化能力評価指標 30

能力 (30)	評価指標
要求ビジョン構築 (6)	1-1) 自社戦略目標と要求定義の役割が明確
	1-2) 要求定義が役割を果たすための組織を構築
	1-3) 要求投資を重点化
	1-4) 開発での要求の活用方針を明確化
	1-5) 要求定義部門の役割が明確
	1-6) 要求に基づく開発部門の結果責任が明確
要求コミュニケーション (5)	2-1) 要求定義の役割を社員が共有
	2-2) 要求定義の目的を開発部門が理解
	2-3) 要求による問題解決プロセスを部門横断的に定義
	2-4) 要求定義事例を社内共有する仕組みを定義
	2-5) 経営層，要求定義部門，開発部門間で，要求の投資対効果を共有
要求プロダクトデザイン (4)	3-1) 要求成果物に対する目標品質を定義
	3-2) 要求成果物の活用方策を標準化
	3-3) 社内外開発連携観点で要求成果物を標準化
	3-4) 要求成果物の重複のない記述項目を定義
要求プロセスデザイン (4)	4-1) 要求開発プロセスを定義
	4-2) 開発プロセスの要求活用方策を標準化
	4-3) 社内外の要求業務連携プロセスを標準化
	4-4) 重複のない要求開発プロセスを実現
要求投資適正化 (6)	5-1) 要求資産の構築経費を配分
	5-2) 要求部門の独立性を考慮
	5-3) 要求定義の経費対効果を事前に検証
	5-4) 要求定義時に全社最適への適合性を検討
	5-5) 要求定義後に活用状況・効果を測定
	5-6) 要求活用問題を要求検討時に解決
要求人材開発 (5)	6-1) 要求開発プロセス改革の提案人材を育成
	6-2) 経営層に開発と要求に精通した人材を配置
	6-3) 要求人材が経営知識を習得する機会を提供
	6-4) 要求人材が開発プロセスの理解機会を提供
	6-5) 開発人材に要求の活用スキル研修を提供

付表4-3　評価指標の水準

段階	確認項目	観点
0	いいえ	作業として実施する必要があるが，実際には実施していない
1	口頭	指示書はなく，口頭で指示して作業を実施している
2	メモ	指示を受けて作業を実施している．メモで指示している
3	部門文書	部門標準の作業マニュアルを整備して，作業を実施している
4	全社文書	全社標準の作業マニュアルを整備して，作業を実施している

参考文献

まえがき

[1]　山本修一郎，要求工学，『ビジネスコミュニケーション』．http://www.bcm.co.jp/

[2]　ISO/IEC/IEEE 29148.　https://www.iso.org/standard/45171.html

[3]　The home of Requirements Engineering.　http://www.ireb.org/

[4]　Marvin, A., Wilkinson, P., Harwood, A., Novak, M., EARS: Easy Approach to Requirements Syntax, RE2009, pp.317-322, 2009.

[5]　大林英晶，森崎修司，渥美紀寿，山本修一郎，逸脱分析を用いた要求仕様からのテスト項目抽出法，『情報処理学会論文誌』，Vol.57, No.4, pp.1262-1273, Apr. 2016.

[6]　TOGAF Version 9.1, an Open Group Standard, 2011.

[7]　The Open Groupe, ArchiMate 3.0 Specification, C162, Van Haren, 2016.

[8]　山本修一郎，『要求定義要求仕様書の作り方』，ソフト・リサーチ・センター，2006.

[9]　山本修一郎，『ゴール指向によるシステム要求管理』，ソフト・リサーチ・センター，2007.

第1章

[1]　The home of Requirements Engineering.　http://www.ireb.org/

[2]　IREB, IREB Certified Professinal for Requirements Engineering – Foundation Level-Version 2.1 Dec.20th2012.

[3]　IIBA, A Guide to the Business Analysis Body of Knowledge Version 3.0, 2015.

[4]　Pohl, K., Rupp, C.,*Requirements Engineering Fundamentals, A Study Guide for the Certified Professional for Requirements Engineering Exam Fundamental level / IREB compliant*, rockynook, 2011.

第2章

[1] Kotonya, G. and Sommerville, I.,*Requirements Engineering — Process and Techniques*, John Wiley & Sons, 2002.

[2] Loucopoulos, P. and Karakostas, V., 富野監訳, 『要求定義工学入門』, 共立出版, 1997.

[3] レフィンドル, ウィドリグ, 『ソフトウェア要求管理』, ピアソン・エデュケーション, 2002.

[4] ウィーガーズ, 『ソフトウェア要求——顧客が望むシステムとは』, 日経BPソフトプレス, 2003.

[5] ロバートソン, ロバートソン, 『要件プロセス完全修得法』, 三元社, 2002.

[6] Dick, J., Hull, E., Jackson, K.,*Requirements Engineering*, Springer, 2002.

[7] Parnas, D.L. and Madey, J., Functional documentation for computer systems,*Science of Computer Programming*, 25(1), pp.41-61, 1995.

第3章

[1] Christel, M.G. and K.C. Kang, Issues in Requirements Elicitation, CMU/SEI-92-TR-12, 1992.

[2] 狩野紀昭, 瀬楽信彦, 高橋文夫, 辻新一, 魅力的品質と当たり前品質, 『品質』, 14(2), pp.39-48, 1984.

[3] Potts, C., Takahashi K., Anton, A., Inquiry-Based requirements analysis,*IEEE Software*, Vol.11, No.2, pp.21-32, 1994.

[4] Hickey, A.M. and Davis, A.M., Elicitation Technique Selection: How Do Experts Do It?, IEEE Requirements Engineering, 2003.

[5] 川喜多二郎, 『発想法 創造性開発のために』, 中央公論社, 1967.

[6] IPA/SEC, エンタプライズ系事業/非機能要求グレード. http://www.ipa.go.jp/sec/softwareengineering/std/ent03-b.html, 2010

[7] 古久根他, 社内観察情報を活用した戦略構築と組織展開—業務評価モデリングの試み—, 経営情報学会2004年秋季全国大会, 2004.

[8] Kotonya, G. and Sommerville, I.,*Requirements Engineering — Process and Techniques*, John Wiley & Sons, 2002.

[9] Alexander I., Misuse Cases: Use Cases with Hostile Intent,*IEEE Software*, Vol.1, Issue 1, pp.58-66, 2003.

[10] Weidenhaupt, K., Pohl, K., Jarke, M., and Haumer, P., Scenarios in system development: Current practice,*IEEE Software*, Vol.15, No.2, pp.34-45, 1998.

[11] Jarke, M., CREWS : Towards Systematic Usage of Scenarios, Use Cases and Scenes, CREWS Report 99-02. https://pdfs.semanticscholar.org/f0e4/a65c7c7d1dec98cbf0f1cc1672f29456b8b8.pdf

[12] Hallowell, D., QFD: When and How Does It Fit in Software Development?. https://www.isixsigma.com/tools-templates/qfd-house-of-quality/

qfd-when-and-how-does-it-fit-software-development/

第4章

[1] Kotonya, G. and Sommerville, I.,*Requirements Engineering — Process and Techniques*, John Wiley & Sons, 2002.

[2] OMG, UML resource page. http://www.uml.org/

[3] DeMarco, T., Structured Analysis and System Specification, Prentice Hall, 1979.

[4] Jacobson, I., Christerson, M., Jonsson, P. Overgaard, G.,*Object-Oriented Software Engineering — A Use Case Driven Approach*, Addison-Wesley, 1992.

[5] Kobayashi, N., Morisaki, S., Atsumi, N., Yamamoto, S., Quantitative Non Functional Requirements evaluation using softgoal weight,*Journal of Internet Services and Information Security (JISIS)*, Vol.6, No.1, pp37-46, 2016.

[6] Osterwalder, A., Pigneur, Y.,*Business model generation*, John Wiley & Sons, Inc., 2010.

[7] OMG, BPMN 2.0. https://www.omg.org/spec/BPMN/2.0/

[8] The Open Groupe, ArchiMate 3.0 Specification, C162, Van Haren, 2016.

第5章

[1] IEEE 830-1998 - IEEE Recommended Practice for Software Requirements Specifications,1998.

[2] ISO/IEC/IEEE 29148-2011. https://www.iso.org/standard/45171.html

[3] Volere. http://www.volere.co.uk/template.htm

[4] Volere. http://www.volere.co.uk/

[5] Scenario Plus. http://www.scenarioplus.org.uk/

[6] 山本修一郎,『ゴール指向によるシステム要求管理』, ソフト・リサーチ・センター, 2007.

[7] TOG, The ArchiMate Enterprise Architecture Modeling Language. https://www.opengroup.org/archimate-forum/archimate-overview

[8] OMG. http://www.omgsysml.org/

[9] 清水吉男,『[改訂第2版][入門＋実践] 要求を仕様化する技術・表現する技術 -仕様が書けていますか？』, 技術評論社, 2010.

[10] Marvin,A., Wilkinson,P., Harwood,A., Novak,M., EARS: Easy Approach to Requirements Syntax,RE2009, pp.317-322, 2009.

[11] Marvin,A., Wilkinson,P., BIG EARS (The Return of "Easy Approach to Requirements Syntax,"), RE2010, pp.277-282, 2010.

[12] 山本修一郎,『要求定義・要求仕様書の作り方』, ソフト・リサーチ・センター, 2006.

[13] 平山雅之, 中本幸一, ソフトウェア工学の共通問題：4. 組込みソフトウェア分野

の共通問題の考え方，『情報処理』, Vol.54, No.9, pp. 890-863, 2013.

[14] ISO/IEC 25030:2007, Software engineering－Software product Quality Requirements and Evaluation (SQuaRE)－Quality requirements, 2007.

[15] Bass, L., Clements, P., Kazman, R., Software Architecture in Practice, 前田他訳，『実践ソフトウェアアーキテクチャ』, 日刊工業新聞社，2005.

第6章

[1] Leveson,N.,*Safeware－System Safety and Computers*, Addison-Wesley, 1995, 松原友夫監訳，『セーフウェア』, 翔泳社，2009.

[2] Biffl, S., Halling, M., Investigating the defect detection effectiveness and cost benefit of nominal inspection teams, Software Engineering,*IEEE Transactions*on, Volume 29, Issue 5, pp.385-397, 2003.

[3] Berling, T., Thelin, T., A Case Study of Reading Techniques in a Software Company, Proceedings of the 2004 International Symposium on Empirical Software Engineering (ISESE' 04), 2004.

[4] Shull, F., Rus, I., Basili, V., How perspective-based reading can improve requirements inspections,*Computer,*Vol.33, Issue 7, pp.73-79, 2000.

[5] 大杉直樹, 並川顕, 小橋哲郎, 重木昭信, 木谷強, 山本修一郎, 竹内睦貴, 評価支援装置, 評価支援方法及びコンピュータプログラム, 特開2011-154662(P2011-154662A), 2011.

[6] Porter, A., Votta, L.G., An experiment to assess different defect detection methods for software requirements inspections, Software Engineering, 1994. Proceedings. ICSE-16., 16th International Conference on, pp. 103-112, 1994.

[7] Vilbergsdóttir, S., Hvannberg, E., Law, E., Classification of usability problems (CUP) scheme: augmentation and exploitation, Proceedings of the 4th Nordic conference on Human-computer interaction: changing roles NordiCHI '06, 2006.

[8] 加藤潤三, 佐伯元司. 大西淳, 海谷治彦, 山本修一郎, 要求獲得におけるシソーラスの効果・効用について, 電子情報通信学会, ソフトウェアサイエンス研究会, 8月, 2006.

[9] NTTデータソフトウェア工学推進センタ, 『実例で学ぶソフトウェア開発』, オーム社, 2008.

[10] 大林英晶, 森崎修司, 渥美紀寿, 山本修一郎, 逸脱分析を用いた要求仕様からのテスト項目抽出法, 『情報処理学会論文誌』, Vol.57, No.4, pp.1262-1273, 2016.

[11] L. Chung, B. Nixon, E. Yu, and J. Mylopoulos,*Non-Functional Requirements in Software Engineering*, Kluwer Academic Publishers, 2000.

[12] ISO/IEC 15026:2015 Systems and software engineering — Systems and software assurance — Part 1: Concepts and vocabulary. https://www.iso.org/obp/ui/#iso:std:iso-iec:15026:-1:dis:ed-2:v1:en

[13] ISO/IEC 15026:2015 Systems and software engineering－Systems and software assurance－Part 2: Assurance case, https://www.iso.org/standard/52926.html

[14] Kelly, T., Arguing Safety, a Systematic Approach to Managing Safety Cases, PhD Thesis, Department of Computer Science, University of York, 1998.

[15] Bloomfield, R., Bishop, P., Safety and Assurance Cases: Past, Present and Possible Future, Safety Critical Systems Symposium, Bristol, UK, 9-11 Feburuary 2010.

[16] ISO_26262-10_2012(E)- Road vehicles — Functional safety —Part 10:Guideline on ISO 26262, 2012.

[17] Pohl, K.,*Requirements Engineering—Fundamentals, Principles, and Techniques*, Springer, 2010.

[18] Wiegers, K.,*Software Requirements, Practical techniques for gathering and managing requirements throughout the product development cycle*, Microsoft, 2003.

[19] CMU SEI, CMMI for Systems Engineering/ Software Engineering, Technical Report CMU/SEI-2000-TR-018, 2000.

第7章

[1] 山本修一郎，デジタルトランスフォーメーションに向けた要求管理知識，KSN 研究会，3.11, 2017.

[2] Yamamoto, S., Enterprise Requirements Management Knowledge towards Digital Transformation, ICITCS2017, pp. 309-317, 2017.

[3] IPA, ユーザのための要件定義ガイド～要求を明確にするための勘どころ～. https://www.ipa.go.jp/files/000065422.pdf

[4] Heumann, J., The Five Levels of Requirements Management Maturity. https://www.ibm.com/developerworks/rational/library/content/RationalEdge/feb03/ManagementMaturity_TheRationalEdge_Feb2003.pdf

[5] Linscomb, D., Requirements Engineering Maturity in the CMMI. https://pdfs.semanticscholar.org/ec80/76849131d8f4fc4cc0422b55fa66d2f6584c.pdf

[6] Lehman, M., Belady, L.,*Program Evolution—Process of Software Change*, Academic Press, 1985.

[7] Hattori, N., Yamamoto, S., Ajisaka, T., Kitani, T., Proposal for Requirement Validation Criteria and Method based on Actor Interaction,*IEICE TRANSACTIONS on Information and Systems*, Vol.E93-D No.4 pp.679-692, 2010.

[8] 山本修一郎，要求発展型開発プロセスの事例，『ビジネスコミュニケーション』，3 月号，2013.

[9] Davis, A.M.,*Software Requirements: Objects, Functions and States*, Prentice-Hall, 1993.

[10] 経済産業省，DX レポート～IT システム「2025 年の崖」の克服と DX の本格的な展開 ～.http://www.meti.go.jp/shingikai/mono_info_service/digital_transformation/20180907_report.html

付録1

[1]　日本経済新聞電子版，高齢者の救急時に警備員駆けつけセコム，4月からサービス，2013/2/5 19:59.

[2]　セコム株式会社，セコムとニチイ学館・ツクイが協業しこの協業により「セコム・マイドクタープラス」を開発，2013年2月5日.https://www.secom.co.jp/corporate/release/2012/nr_20130205.html

付録2

[1]　Zachman, J., A Framework for Information Systems, Architecture,*IBM Systems Journal*(26:3), pp.276-292 (1987).

[2]　Spewak, S.,*Enterprise Architecture Planning: Developing a Blueprint for Data, Applications, and Technology*, John Wiley & Sons, New York, 1992.

[3]　Spewak, S., Tiemann, M., Upadating The Enterprise Architecture Planning Model,*Journal of Enterprise Architecture*, pp.11-19, May, 2006.

[4]　Ross, W., Weill, P., Robertson, C.,*Enterprise Architecture as Strategy: Creating a Foundation for Business Execution*, Harvard Business School Press, 2006.

[5]　TOGAF Version 9.1, an Open Group Standard, 2011.

[6]　ReGIS Inc., TOGAF Version 9, 日本語訳版, 2010.

[7]　Yamamoto S. et al., Another Look at Enterprise Architecture Framework,*Journal of Business Theory and Practice*, ISSN 2372-9759 (Print) ISSN 2329-2644 (Online) Vol. 6, No. 2, pp.172-183, 2018.

付録3

[1]　Lankhorst, M. et al.,*Enterprise Architecture at Work—Modeling Communication and Analysis*, Third Edition, Springer, 2013.

[2]　Wierda, G.,*Mastering ArchiMate—A Serious Introduction to the ArchiMate Enterprise Architecture Modeling Language*, Edition II, The Netherlands Published by R&a, 2014.

[3]　山本修一郎，『現代エンタープライズ・アーキテクチャ概論—ArchiMate入門』，132ページ，デザインエッグ社; 1版，2016.

[4]　The Open Groupe, ArchiMate 3.0 Specification, C162, Van Haren, 2016.

[5]　Archi. http://archi.cetis.ac.uk/

[6]　山本修一郎，MBJT—モデルベースジョブ理論，日本情報経営学会第75回大会，pp.237-240, 11.19, 2017.

[7]　Yamamoto, S., Nada, I., Morisaki, S., Using ArchiMate to Design e-Health Business Models,*Acta Scientific Medical Sciences*, Vol.2, Issue 7, pp.18-26, 2018.

[8]　Yamamoto,S., A Survey on Visualizing EA models toward Consolidation, IIAI-AAI 2018, EAIS2018, pp.775-780, 2018.

[9]　Yamamoto, S., Nada Ibrahem Olayan, Junkyo Fujieda, e-Healthcare Service Design using Model Based Jobs Theory, InMed2018,*Procedia Computer Science*, pp.198-207, 2018.

付録4

[1]　山本修一郎，要求仕様化能力評価指標の提案，IEICE technical report：信学技報，116(67), pp.19-24, 5.26, 2016.

[2]　Yamamoto, S., An Evaluation of Requirements Specification Capability Index, KES2017,*Procedia Computer Science*,Vol.112,pp. 998-1006, 2017.

あとがき

[1]　山本修一郎，MBJT—モデルベースジョブ理論，日本情報経営学会第75回大会，11.19，2017.

[2]　Kobayashi, N., Morisaki, S., Atsumi, N., Yamamoto, S., Quantitative Non Functional Requirements evaluation using softgoal weight,*Journal of Internet Services and Information Security (JISIS)*, Vol.6, No.1, pp37-46, 2016.

[3]　Hattori, N., Yamamoto, S., Ajisaka, T., Kitani, T., Proposal for Requirement Validation Criteria and Method based on Actor Interaction,*IEICE TRANSACTIONS on Information and Systems*, Vol.E93-D, No.4, pp.679-692, 2010.

[4]　大林英晶，森崎修司，渥美紀寿，山本修一郎，逸脱分析を用いた要求仕様からのテスト項目抽出法，『情報処理学会論文誌』，Vol.57, No.4, pp.1262-1273, 2016.

[5]　山本修一郎，デジタルトランスフォーメーションに向けた要求管理知識，KSN研究会，3.11, 2017.

[6]　Yamamoto, S., Enterprise Requirements Management Knowledge towards Digital Transformation, ICITCS2017, pp.309-317, 2017.

[7]　Yamamoto, S., Nada I., Fujieda, J., e-Healthcare Service Design using Model Based Jobs Theory, InMed2018, Intelligent Interactive Multimedia Systems and Services, Proceedings of 2018 Conference, pp. 198-207, 2018.

[8]　Yamamoto S., Nada, I., Morisaki, S., Using ArchiMate to Design e-Health Business Models,*Acta Scientific Medical Sciences*, Vol.2, Issue 7, pp.18-26, 2018.

[9]　Yamamoto, S., Nada, I., Morisaki, S., Another Look at Enterprise Architecture Framework,*Journal of Business Theory and Practice*, Vol.6, No.2, pp.172-183, DOI: http://dx.doi.org/10.22158/jbtp.v6n2p172, 2018.

[10]　山本修一郎，『現代エンタープライズ・アーキテクチャ概論—ArchiMate入門』，132ページ，デザインエッグ社; 1版，2016.

[11]　Yamamoto, S., An Evaluation of Requirements Specification Capability Index, KES2017,*Procedia Computer Science*, Vol.112, pp. 998-1006, 2017.

あとがき

　要求工学について最初の書籍を出してから早いもので10年以上が経った．この間に，本書で触れたように，要求工学に関連する以下の標準やガイドラインが登場している．

2007年	ISO/IEC 25030:2007 -- SQuaRE
2009年	ArchiMate1.0, BABOK 2.0
2010年	BMC，IPA非機能要求グレード
2011年	ISO/IEC/IEEE29148，TOGAF V9
2012年	ISO 26262 Functional Safety, ArchiMate2.0
2015年	ISO/IEC 15026:2015 Systems and software assurance, BABOK 3.0
2016年	ArchiMate3.0

　本書におけるこれらの標準やガイドラインとの関係は次のとおりである．SQuaREについて第5章7節で言及した．

　ArchiMateについては，第4章5節(9)，第8章6節，付録3で説明した．

　BMCについては，第4章5節(7)と第8章4節で説明した．非機能要求グレードについては，第3章8節(3)で触れた．

　ISO/IEC/IEEE 29148については，第1章から第7章にわたって引用した．

　エンタープライズ・アーキテクチャについては，第4章2節，第5章4節，第7章1節，付録2で述べた．TOGAFについては付録2で概説した．

　第6章5節(5)で保証ケースについて説明した部分で，ISO 26262機能安全とISO/IEC 15026アシュアランスについて述べた．

　ここで，要求工学の年代的な展開をまとめると，表のようになる．2010年代は顧客価値創造のための要求とITの整合化が重要なテーマになった．本書を執筆した2018年は2010年代の終わりに近づいている．本書でも紹介したように，ArchiMateによって，顧客価値創造のための要求とITの整合化は解決されようとしている．この理由は，ArchiMateでは，顧客価値

とITシステムとを対応付けて要求を記述できるからである．この意味で，本書によって，これまでの要求工学の成果を包括的に概観できたのではないかと考えている．

表　要求工学の展開

年代	要求工学の時代	主なテーマ
1970	要求分析の時代	外部環境から概念を獲得する標準的なモデル
1980	要求仕様の時代	曖昧性，矛盾，冗長性を解消する仕様テンプレート
1990	要求プロセスの時代	要求プロセスの定義とプロセス改善手法
2000	高水準要求の時代	ゴール手法による要求の高水準化
2010	要求整合化の時代	顧客価値創造のための要求とITの整合性

　また，本書では，筆者らによる研究に基づいた手法についても，次のように参照している．

　第4章5節(9)で紹介した動機分析図の作成法は文献5の研究による．

　第4章5節(5)で紹介した属性付非機能要求ゴール木は文献2の研究による．

　第5章5節で紹介した要求記述表と第7章2節(2)要求変化の分類例は，文献1の研究による．

　第6章5節(4)のテスト項目作成手法は，文献3の研究による．

　第7章1節(1)の要求管理委員会の紹介は，文献7，8から引用している．

　第8章2節で紹介した課題分析表は，文献5，10で提案したものである．

　第8章6節で紹介した手法は，文献9，11で提案したものである．

　付録2の内容は文献4，11による．

　付録4の内容は文献6による．

　最後に，上述した研究に参加していただいた共同研究者の皆さんに感謝いたします．また，本書をまとめる上で様々なアドバイスをいただいた近代科学社の皆さんに感謝いたします．

2019年1月　山本修一郎

著者紹介

山本 修一郎（やまもと　しゅういちろう）

1979年名古屋大学大学院工学研究科情報工学専攻修了。
同年日本電信電話公社入社。2002年（株）NTTデータ 技術開発本部 副本部長。
2007年同社初代フェロー、システム科学研究所 所長。2009年名古屋大学教授。

著書に『要求定義・要求仕様書の作り方』（ソフト・リサーチ・センター、2006）、『〜ゴール指向による〜システム要求管理』（ソフト・リサーチ・センター、2007）、『CMCで変わる組織コミュニケーション』（NTT出版、2010）などがある。

◎本書スタッフ
プロデューサー：大塚 浩昭
ディレクター：石井 沙知
編集支援：向井 領治
表紙デザイン：tplot.inc 中沢 岳志
技術開発・システム支援：インプレス NextPublishing センター

●本書は『要求開発の基礎知識』（ISBN：9784764960015）にカバーをつけたものです。

●本書の内容についてのお問い合わせ先
近代科学社Digital　メール窓口
kdd-info@kindaikagaku.co.jp
件名に「『本書名』問い合わせ係」と明記してお送りください。
電話やFAX、郵便でのご質問にはお答えできません。返信までには、しばらくお時間をいただく場合があります。なお、本書の範囲を超えるご質問にはお答えしかねますので、あらかじめご了承ください。

要求プロセスと技法入門

要求開発の基礎知識

2023年11月30日　初版発行Ver.1.0

著　者　山本 修一郎
発行人　大塚 浩昭
発　行　近代科学社Digital
販　売　株式会社 近代科学社
　　　　〒101-0051
　　　　東京都千代田区神田神保町1丁目105番地
　　　　https://www.kindaikagaku.co.jp

印刷・製本　京葉流通倉庫株式会社
Printed in Japan

ISBN978-4-7649-0672-3

近代科学社 Digital は、株式会社近代科学社が推進する21世紀型の理工系出版レーベルです。デジタルパワーを積極活用することで、オンデマンド型のスピーディでサステナブルな出版モデルを提案します。

近代科学社 Digital は株式会社インプレス R&D が開発したデジタルファースト出版プラットフォーム "NextPublishing" との協業で実現しています。